1. 旅順

ロシア軍が旅順に築いた堅牢な要塞に手を焼き、日本軍はなかなか攻略することができなかった。そこで攻撃目標を防御が手薄な二〇三高地に変更する。二〇三とはその山の標高が203メートルであることから付けられた。そして多大な人的被害を出しながら最終的に山頂を占領することに成功する。日本軍はここに陸軍最大の28センチ砲を据え付けて旅順港を攻撃したが、実際にはどれほどの効果があったのかは議論が分かれるところだ。日露戦争後、乃木希典《のぎまれすけ》将軍は散乱していた砲弾の破片などを集めて当て字の「爾霊山《にれいさん》」と揮毫《きごう》した実弾型の記念碑を建立した。

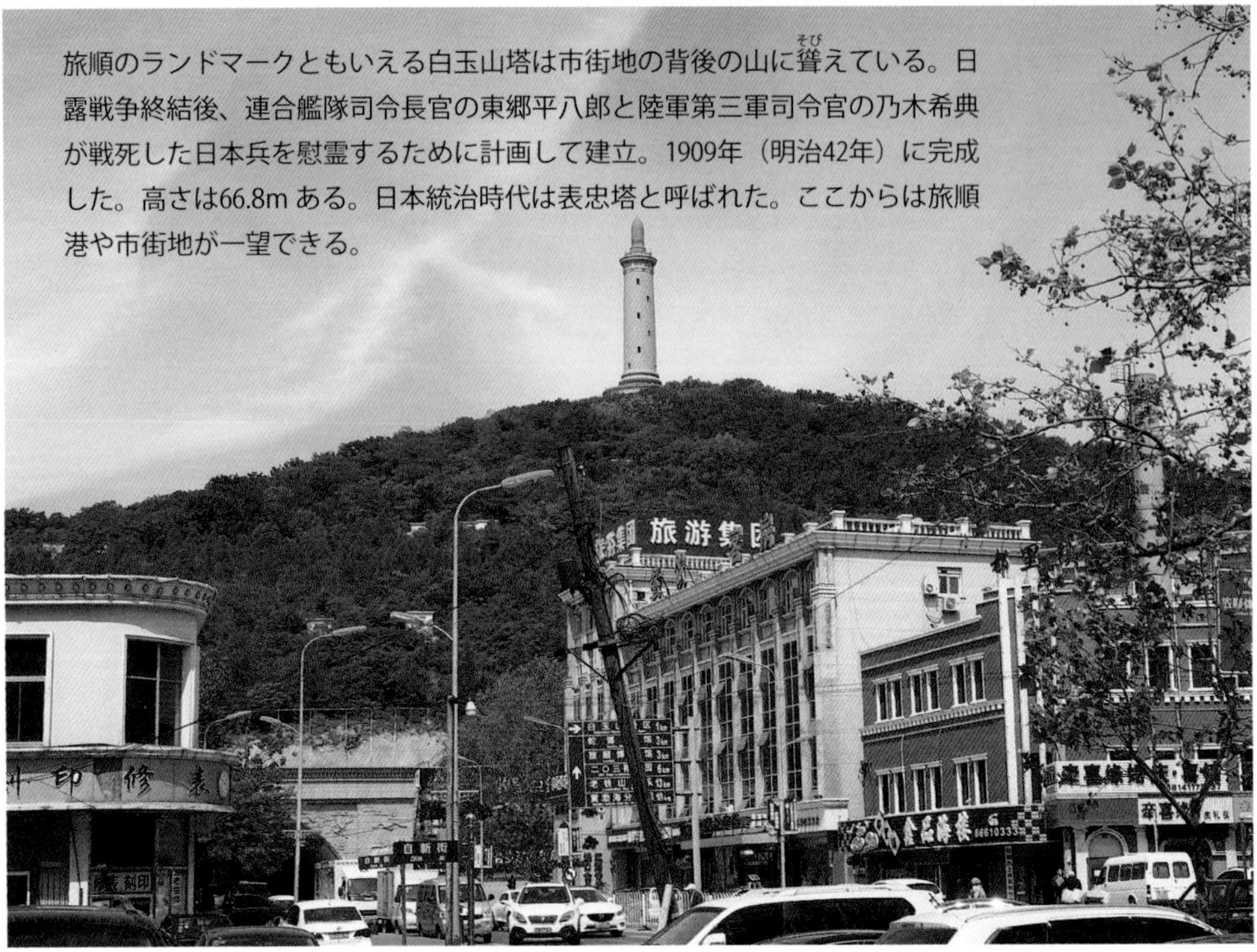

旅順のランドマークともいえる白玉山塔は市街地の背後の山に聳《そび》えている。日露戦争終結後、連合艦隊司令長官の東郷平八郎と陸軍第三軍司令官の乃木希典が戦死した日本兵を慰霊するために計画して建立。1909年（明治42年）に完成した。高さは66.8mある。日本統治時代は表忠塔と呼ばれた。ここからは旅順港や市街地が一望できる。

旅順師範学堂は関東州における唯一の中国人のための高等教育機関であった。1906年（明治39年）に公布された「関東州公学堂規則」には第一条に「公学堂ハ支那人ノ子弟ニ日本語ヲ教ヘ、徳育ヲ施シ竝《ならび》其《そ》ノ生活ニ必須ナル普通ノ知識技能ヲ授クルヲ以テ本旨トス」と書かれているように日本語教育を重要視した。

旅順郊外にロシアによって築かれた防御要塞である東鶏冠《とうけいかん》山北《ざんきた》堡《ほ》塁《るい》は難攻不落を誇り、第1回目の総攻撃では日本軍は全滅した。その要塞跡は現在一般公開されて、当時の激戦の様子を伝える生々しい砲弾跡や塹壕《ざんごう》がそのまま残っている。

東鶏冠山北堡塁が陥落し日本が日露戦争に勝利した後、1926年（昭和元年）に建立された記念碑。そこには「明治三十七年八月以来第十一師団ノ諸隊及後備歩兵第四旅団ノ一部隊之ヲ攻撃シ同年十二月十八日占領ス　陸軍大将男爵鮫島重雄碑銘ヲ書ス　大正五年十月　満洲戦跡保存會」と記されている。

1903年（明治36年）にロシアが運営する東清鉄道の支線として開通した旅順駅。美しいフォルムを誇る木造建築は現在もほとんど変わっていない。日露戦争後には旅順は大連と並んで戦跡巡りのための人気観光地となり、旅順駅は一日に5000人もの日本人観光客が利用する時期もあったという。私が最初に訪れたのは2016年（平成28年）だが、そのとき鉄道の運行はすでに停止され、大連と結ぶ交通はバスに取って代わられていた。

日露戦争後に日本が旅順に関東都督府を置いた建物。その後、関東軍の独立と共に関東庁となる。もともとはロシアが1903年（明治36年）に設立した極東総督府として使用していた建物である。1937年（昭和12年）に関東庁が関東州庁に機構改変されて大連に移るまで、関東州の行政の中心として権威を保ち続けた。

かつての旅順刑務所は現在、日露監獄旧趾博物館として一般公開されている。1902年（明治35年）にロシアが建設し、その後日本が増築した。内部には朝鮮半島出身の安重根《アンジュングン》に関する展示があり、充実していた。安重根とはときの枢密院議長であった伊《い》藤博文《とうひろぶみ》をハルビン駅にて暗殺した男である。安は逮捕された後、ここ旅順刑務所へ移送され獄死した。中国でも「抗日烈士」のひとりとして扱われているのである。

当時の旅順高等法院は現在、日本関東法院旧趾陳列館として一般公開されている。1907年（明治40年）に建てられ、高等裁判所および地方裁判所として使われた。韓国の英雄、安重根もこの裁判所で裁かれ死刑判決を受けている。彼の最後の陳述は理路整然と大韓民国の独立と東洋平和・共存を訴えるものであり、傍聴人は固唾をのんで聞き入ったという。

旅順は今も昔も「軍港の街」であり、現在は中国海軍の基地や施設があちこちに点在しているため、大規模な都市再開発が行われてこなかった。このため旧市街には戦前のロシア統治時代や日本統治時代の建築物がたくさん残されている。その多くは由来や建設年を同定することが困難だ。廃墟《はいきょ》のようになっている建物もあれば、改築されて集合住宅や個人住宅として使用されているものも多い。街全体がまるごと博物館であるといわれるゆえんで、ぶらぶら歩きが楽しい。

現在も旅順博物館として使用されているこの建築物は元々ロシア将校クラブとして開館されたもの。1917年（大正６年）に関東都督府が満蒙《まんもう》物産館としてその後を継いだ。関東軍司令部とは広場を挟んだ目と鼻の先にある。現在でも中国東北部を代表する規模を誇るこの博物館の目玉はずばり「大谷コレクション」。西本願寺第22世法主だった大谷光瑞《こうずい》が中央アジア探検の際に蒐集《しゅうしゅう》した仏像や仏教彫刻、さらにミイラなど、大変貴重なものが収蔵され一般公開されている。

1919年（大正８年）、旅順に設立された天皇直隷の軍隊である関東軍司令部が置かれた建物。その後、日本は徐々に勢力を拡大し、1931年（昭和６年）に満洲事変が起きると、関東軍司令部も奉天（現在の瀋陽）へ移った。さらに翌1932年に満洲国が建国されると、首都はさらに北方の新京（現在の長春）に定められたため、関東軍司令部も新京へ移った。

かつて満洲国建国直前に溥儀も宿泊した粛親王府。清朝の皇族であった粛親王は辛亥革命後に北京に幽閉されていたが、その後に脱出して旅順に移り日本の庇護を受けていた。彼の娘の金璧輝こと川島芳子は大陸浪人の川島浪速の養女となり、関東軍の数々の謀略に参加して「男装の麗人」「東洋のマタハリ」の異名を取った。

2. 奉天（瀋陽）①

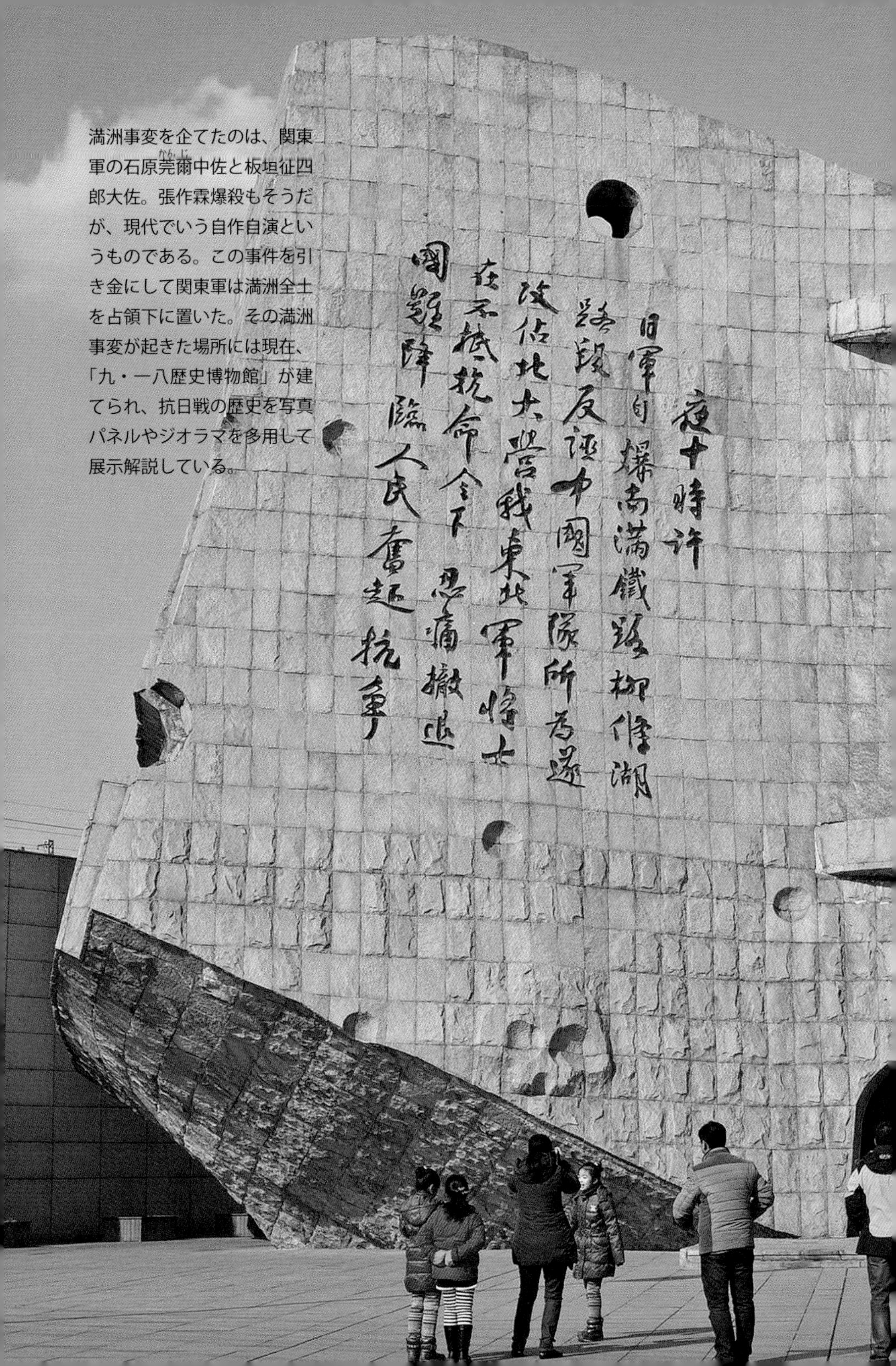
夜十時許
日軍自爆南滿鐵路柳條湖
路段反誣中國軍隊所爲遂
攻佔北大營我東北軍將士
在不抵抗命令下忍痛撤退
國難降臨人民奮起抗爭

満洲事変を企てたのは、関東軍の石原莞爾《かんじ》中佐と板垣征四郎大佐。張作霖爆殺もそうだが、現代でいう自作自演というものである。この事件を引き金にして関東軍は満洲全土を占領下に置いた。その満洲事変が起きた場所には現在、「九・一八歴史博物館」が建てられ、抗日戦の歴史を写真パネルやジオラマを多用して展示解説している。

清朝初代皇帝ホンタイジの肖像画。父親である太祖ヌルハチが清朝の基礎をつくったが、自身は後金国の女真族と称していた。女真族は仏教の文殊菩薩《ぼさつ》を信仰していたことから、「モンジュ」が「マンジュ」となり満洲という漢字をあてるようになったといわれている。

ホンタイジが執務した崇政殿にある玉座。対になった金の龍は皇帝を表している。崇政殿周辺が執務と生活のための空間であり、すぐ近くには後宮もあり家族や何人もの側室たちが暮らしていた。

瀋陽の街の中心部に現在もかつての清朝黎明期《れいめいき》の王宮が「瀋陽故宮博物館」として保存されている。清朝建国の基礎を築いた太祖ヌルハチとその息子の清朝初代皇帝ホンタイジは実際にここに居住した。落成は1636年（寛永13年）。写真の「崇政殿」の建物は、皇帝が実際に執務するために、また外国からの使徒と接見するために使用された。

張作霖《ちょうさくりん》が爆殺された現場は、瀋陽郊外の皇《こう》姑屯《ことん》にある。南北を貫く満鉄線と北京・奉天（瀋陽）間を結ぶ線路がちょうど立体交差する場所に爆弾が仕掛けられた。1928年（昭和３年）のことである。事件の首謀者《しゅぼうしゃ》は関東軍の河本大作大佐を中心とする一派であるといわれており、この事件が引き金となって責任追及の声が高まり、当時の田中義一内閣は総辞職した。

張作霖は辛亥《しんがい》革命で清朝が倒れてから急速に武力を蓄え、奉天を地盤に持つ有力な軍閥となった。彼と息子の張学良が暮らした「張氏師府」は現在、一般公開され、門の外には張学良の銅像が建てられている。張学良は抗日という目的で内戦状態の国民党と共産党をまとめたいわゆる国共合作の立役者として現代中国では英雄視されている。

張父子が起居し執務した張氏師府を代表する建築物である大青楼。1922年（大正11年）の竣工。耐火レンガを使った３階建てのローマ様式の建築で堂々たる威風を感じさせる。内部にある執務室なども見学することができた。

大青楼のすぐ近くには２階建ての小青楼があり、ここには張作霖の第５夫人と子どもたちが暮らした。列車が爆破された後、張作霖はこの小青楼に運ばれ、ここで死亡した。

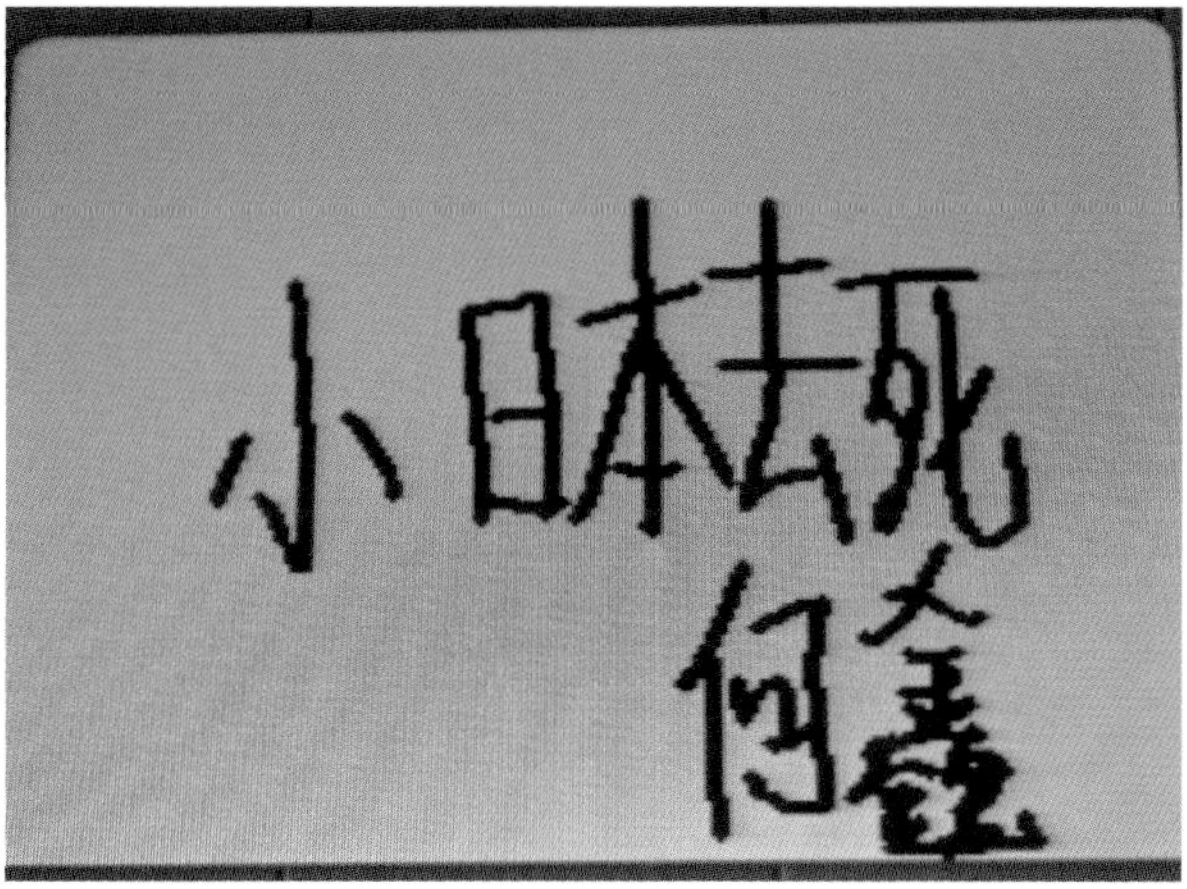

九・一八歴史博物館に入ると、戦前に日本軍が中国大陸で行った戦争犯罪行為に関する資料がジオラマや写真でこれでもかというぐらい展示されているため、日本人なら必ず肩身が狭くなるはずだ。出口には来館者が感想を書くコーナーがあり、何気なくのぞくと若者が「小日本去死……」と書いていた。

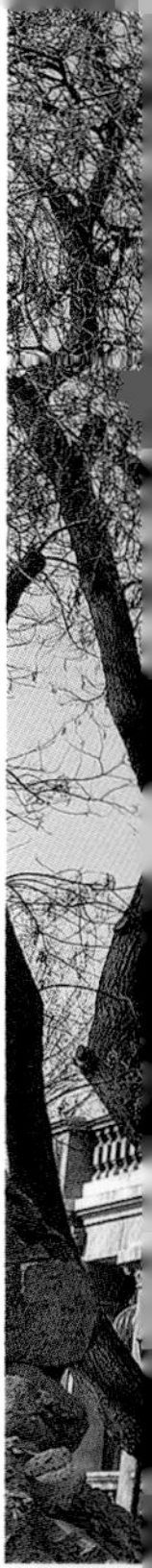

満洲事変の後に関東軍は、爆弾がさく裂する形をイメージした記念碑を現場に建てたが、太平洋戦争終結後に中国人によって引き倒された。その横倒しになったままの状態で九・一八歴史博物館の敷地内に展示されている。このような記念碑を建てること自体、関東軍が「私がやりました」と白状しているようなものだが、きっと勝てば官軍というような気持ちだったのだろう。

3. 奉天（瀋陽）②

インバウンドの中国人観光客が多数日本を訪れていた一時期、彼らの間で「東京駅の外観が瀋陽駅にそっくりだ」と話題になったことがある。それもそのはず、どちらも同じ時代に、同じ「辰野式」で建てられたからである。その辰野式という建築様式を完成させたのが辰野金吾。明治から大正にかけて日本が急速に西洋化していく過程で、辰野はヨーロッパの建築様式を貪欲に取り入れたと評されている。国内に残存する辰野の作品としては、日本銀行本店本館や大阪市中央公会堂などが有名である。

候车室
Waiting Room

かつての奉天郵便局であった建物は現在も中国郵政の太原街郵政局として使用されている。設計は関東都督府土木課にいた松室重光で、竣工は1915年（大正４年）。松室は辰野金吾の弟子筋にあたり、その後、満洲建築協会の初代会長を務めた。この郵便局のように現代の中国になってからも同じ目的のために使用されている建物が少なくないことがおもしろい。

瀋陽駅を背にして正面に広い道路がまっすぐ伸びている。現在の「中華路」であるが、日本時代は「千代田通り」と呼ばれていた。その中華路の右側にあるのがかつての満鉄奉天共同事務所。現在では商店や飲食店などが入っている。中華路をはさんだ向かい側にも同時期の建物があり、こちらは満鉄奉天貸事務所。古地図を見ると、旅行会社 JTB の前身であるジャパン・ツーリスト・ビューローなどもこの建物にはいっていたことがわかる。

かつては奉天大広場と呼ばれた中山広場は夜になると活気づく。音楽に合わせてダンスをするグループが三々五々やってくるなど、市民の憩いの場になっているからである。日本時代の建物のいくつかはライトアップされている。人々の背景に写っているのは1929年（昭和４年）に建てられたかつての奉天ヤマトホテル。現在でも遼寧《りようねい》賓館の名でホテルとして使用されている。もちろん宿泊も見学も可能だ。

奉天ヤマトホテルは小野木横井建築事務所による設計で建てられた。円筒を両脇に配した外観もユニークだが、内部の螺旋階段がこれまた美しい。カーブを描いた木製の手すりの優雅さから見て取れるように、このホテルは長い間この地域で格式を誇った。

奉天警察署は奉天ヤマトホテルの建造と同じ1929年（昭和４年）に建てられ、鉄道附属地における警察業務を担当していた。見るからに威圧感を与える外観で、現在でも瀋陽市公安局として同じ用途で使用されている。入り口には「各尽職守 服務人民」（しっかり職務をまっとうし、市民のために仕事をしよう）」と大きな標語が表記されている。

現在は瀋陽市総工会として使用されているこの建物は1922年（大正11年）に東洋拓殖奉天支店として建てられた。東洋拓殖株式会社とは1908年（明治41年）に設立された国策会社で、植民地の開発事業を行った。満鉄と並ぶ二大国策会社と言われている。最盛期には海外に52の支社が置かれ、略して「東拓」と呼ばれた。

現在は中国工商銀行中山広場支行として使われているこの建物は1925年（大正14年）に横浜正金銀行奉天支店として竣工されたもの。「横浜」という名称から当時の地方銀行かという印象を受けるが、実際は国の特殊銀行として貿易金融や外国為替に特化した銀行であった。「正金」とは当時の言葉で現金という意味。通称、「正金」「YSB」と呼ばれた。戦後解体され、新たに設立された東京銀行（現在の三菱《みつびし》 UFJ 銀行）に引き継がれた。

満鉄の経営は病院や大学の経営など多岐にわたっていた。1911年（明治44年）に奉天に南満医学堂を設立、その後1922年（大正11年）には満洲医科大学となった。写真の講堂は1935年（昭和10年）につくられたもの。戦後、中国共産党政府が成立してからは中国医科大学に名称が変わり、この講堂は現在もその付属第一病院内に残っている。

瀋陽駅を背にしてまっすぐ伸びる中華路を行くと、南京南街の広い道路に出る。そこを右折すると中山公園に至るが、ここはかつて千代田公園と呼ばれていた。その一角に満鉄が1929年（昭和４年）に建てた奉天給水塔が残されている。鉄道附属地における上下水道は満鉄が管理していた。この公園にはかつて日露戦争時における「奉天会戦」で亡くなった３万5000人の英霊を祀《まつ》る忠魂碑が立っていたが、戦後すぐ取り壊された。

奉天市公署は満洲国が建国された後に満鉄と関東軍司令部により共同で都市整備計画が策定された際に建てられた。施工は1937年（昭和12年）。奉天城と鉄道附属地を結び、清朝の皇族を祀る北陵から南下する地点が建設地点に選ばれた。私が取材中、この建物は近い将来に取り壊される予定だと聞いた。

故宮のある場所は城壁で守られている。この近くに満鉄は奉天公所という中国側と交渉を行うための窓口を置いた。満洲国が建国されるまでは奉天は駅と鉄道周辺しか日本の権益は認められていなかったため、活動を広げるためにはこうした折衝を行う役所は必要不可欠だったのだろう。

4. 新京（長春）①

1936年（昭和11年）に竣工した国務院庁舎は満洲国の最高行政機関であり日本の国会議事堂をイメージして建てられたと言われている。満洲国における官衙建築の代表作とされる。官庁の建築というのはいわばその都市の顔であり、国家としての品格や権威、政治的思想などを表すものであるから、これら官衙建築の設計に挑んだ日本人設計士は並々ならぬ情熱を傾けたことは想像に難くない。国務院庁舎は現在、吉林大学基礎医学院の校舎として使われている。

長春の街はだだっ広いが、碁盤の目のように規則正しく区画されている箇所《かしよ》が多いので、地図を携帯すればさほど迷うことはないと思う。市内を巡回する市バスには番号が表示されており、また停留所の案内板には漢字表記でバス停の名前が記されているので、漢字が読める日本人にはとても利用しやすい。私は康徳８年発行の「最新地番入り新京市街地図」を入手して現在の長春の地図と比較しながら、満洲国期に建設された建築物を探して歩いた。「康徳」は満洲国が帝政に移行した1934年（昭和９年）を元年とする元号で、康徳８年は1941年（昭和16年）。写真は取材の途中に偶然見つけたマンホールの蓋。「新京」という文字がはっきり刻まれている。「下」は下水を意味する。

1922年（大正11年）竣工の横浜正金銀行新京支店の建物には、入り口の上部にはっきりと「横濱正金銀行」の右から左へ書かれた文字が残存していた。満洲国が崩壊後、市内に残る日本語の文字や看板などはことごとく撤去されてきたため、このように当時のままで文字が残っているのは大変珍しい。

屋根にまるで日本の城の天守閣を戴《いただ》いたような和洋折衷のこの建築物は1934年（昭和９年）に完成した関東軍司令部。関東軍司令部は当初、旅順に置かれていたが、満洲事変の勃発を受けて奉天に移った。さらに満洲国が建国された後は首都・新京に再度移転したのである。関東軍司令官はその強大な軍事力を背景に駐満洲国大使も兼ねるなど満洲国におけるほぼ全権を掌握していた。現在この地域で権力を握る中国共産党吉林省委員会がこの建物に入居しているのはけっして偶然ではないのである。ちなみにこの建物の入り口には人民解放軍の兵士が何人か歩哨《ほしょう》として立っており、撮影しようとカメラを向けると大声で威嚇されるので注意されたい。

関東軍司令長官邸は関東軍司令部から歩いて行ける距離にあり、現在は松苑賓館として使用されている。中へ入るとここは王宮かと見まがうような丸みを帯びた美しいデザインの階段に目を奪われる。日本で起きた大正デモクラシーの影響を受け、満洲国も主権は皇帝に存在しながらもかぎりなく民衆の意思を政治に反映していこうとする民本主義を目指した。この定義で行くと、天皇の直属の軍隊という位置づけの関東軍は、満洲国においては「主権者である天皇の代理」として振舞うことが許されることになる。関東軍にほぼすべての権限が集中したのはおそらくそういう論理に支えられていたためだろう。

満洲国総合法衙には最高検察庁や最高裁判所が入っていた。巨大な円筒の上に中国風の屋根が載っているというかなり特徴のある外観をしており、これを独特で美しいとするか醜悪と見るかは人によって評価が分かれるだろう。現在は中国人民解放軍第461医院として使用されており、軍の施設であるため最初は門から中へ入るのがためらわれたが特に警備が厳しいわけではなかった。背後に見えるのは南湖公園内の湖で、満洲国時代には黄龍公園として国都建設局が川を堰き止めてつくったもの。

満洲国軍事部（当初は治安部の建物として使用された）は国防、用兵、軍政などを司《つかさど》った。1943年（昭和18年）に改編される以前は治安部で、主に警察業務全般を担当した。その用途のためだろうか、他の官庁に比べると特に建物の正面から受ける威圧感はすさまじく、拒絶感さえ漂う。おそらく当時、よほど用事がなければ中へ入ろうという気は起きなかっただろうと想像する。現在は、吉林大学白求恩医学部付属第一臨床医学院という名の病院として使用されている。私も建物の中へ入ってみたが、日本と同じような入院するための部屋が並んでいた。国務院と道路を挟んで反対側にある。

1935年（昭和10年）に竣工された満洲国交通部は、鉄道、郵政、電信、電話、航空、水運などに関する行政を担った。４階建ての建築は竣工から85年たった現在もその存在感は色褪《あ》せることなく長春で異彩を放っている。典型的な興亜様式の建築で、建物正面の独創的なデザインを実際にまのあたりにするとその奇抜さにびっくりする。日本人が設計したとはとても思えず、建物だけを見たらいったいどの国の建築かと首をひねるだろう。しかしその「どの国の建築かわからない」という感想こそが、実は満洲国という急造国家には最もふさわしいのではないかとさえ思う。現在は吉林大学再生医科学研究所などが入っている。

満洲国交通部は現在、吉林大学の一部として使用されているが、正面の外観は独特で他では見ることができないような装飾とレリーフが多用されたデザインである。これを建築的に美しいとみるか醜悪と捉えるかは人によってかなり好き嫌いがわかれるかもしれない。

長春の巨大な人民広場はかつて大同広場と呼ばれていたが、そこに面して建つのが満洲中央銀行本店。1938年（昭和13年）の竣工で、設計は日本国内で旧第一銀行支店や証券会社など数多くのビルの建築に携わった西村好時。施工は大林組。満洲中央銀行は満洲国における経済政策に関連するほか通貨の発行も手掛けていた。現在は中国人民銀行長春支行として使用されている。この建築物のデザインの圧巻は正面の10本の円柱。古代ギリシャ建築などで使用されたような巨大な円柱を花崗岩《かこうがん》を積み上げることによりつくった。現在の日本ではとうていこのようなスケールの大きな建築物を手掛けることはできないだろう。

満洲国と関東州における電気通信事業を独占的に経営するために、1933年（昭和８年）日本と満洲国の間で合弁の国策会社である満洲電信電話株式会社が設立され、本社は首都・新京に置かれた。略して満洲電電、あるいは MTT と呼ばれた。電気通信事業だけではなく放送局も運営。元 NHK アナウンサーで俳優としても活躍した森繁久彌《ひさや》は1939年（昭和14年）に NHK に入社、すぐに満洲国勤務を命じられここ新京に赴任した。1945年（昭和20年）にソ連の侵攻により捕らえられたが、翌年帰国することができた。この建物は現在、中国聯合《れんごう》通信有限公司（China Unicom）の長春支社として使用されている。

1935年（昭和10年）に竣工された地上６階建ての堂々たる威風を感じさせる満洲国司法部。現在の日本でいえば法務省にあたる。正面中央部分はまるで塔のように見えるデザインである。それにしても不思議なフォルムで、見ようによってはいろいろなパーツを組み合わせたとも取ることができる。満洲国の理念のひとつに「五族協和」がある。五族とは、満洲人、朝鮮人、漢人、蒙古《もうこ》人、そして日本人である。それら民族が結集して新しい国をつくることをイメージして設計されたのだろうか。現在は吉林大学新民教区として使用されている。

大同広場（現在の人民広場）に面して満洲中央銀行本店や満洲電電の建物などが残存しているが、この独特な外観を持つ首都警察庁もそこに連なっている。首都警察庁は満洲国建国後に創立された組織。現在は長春市公安局外国人管理処として使用されている。関東軍司令部の建物と並んでここも撮影が難しく、カメラを構えると守衛がとんでくるので注意したい。

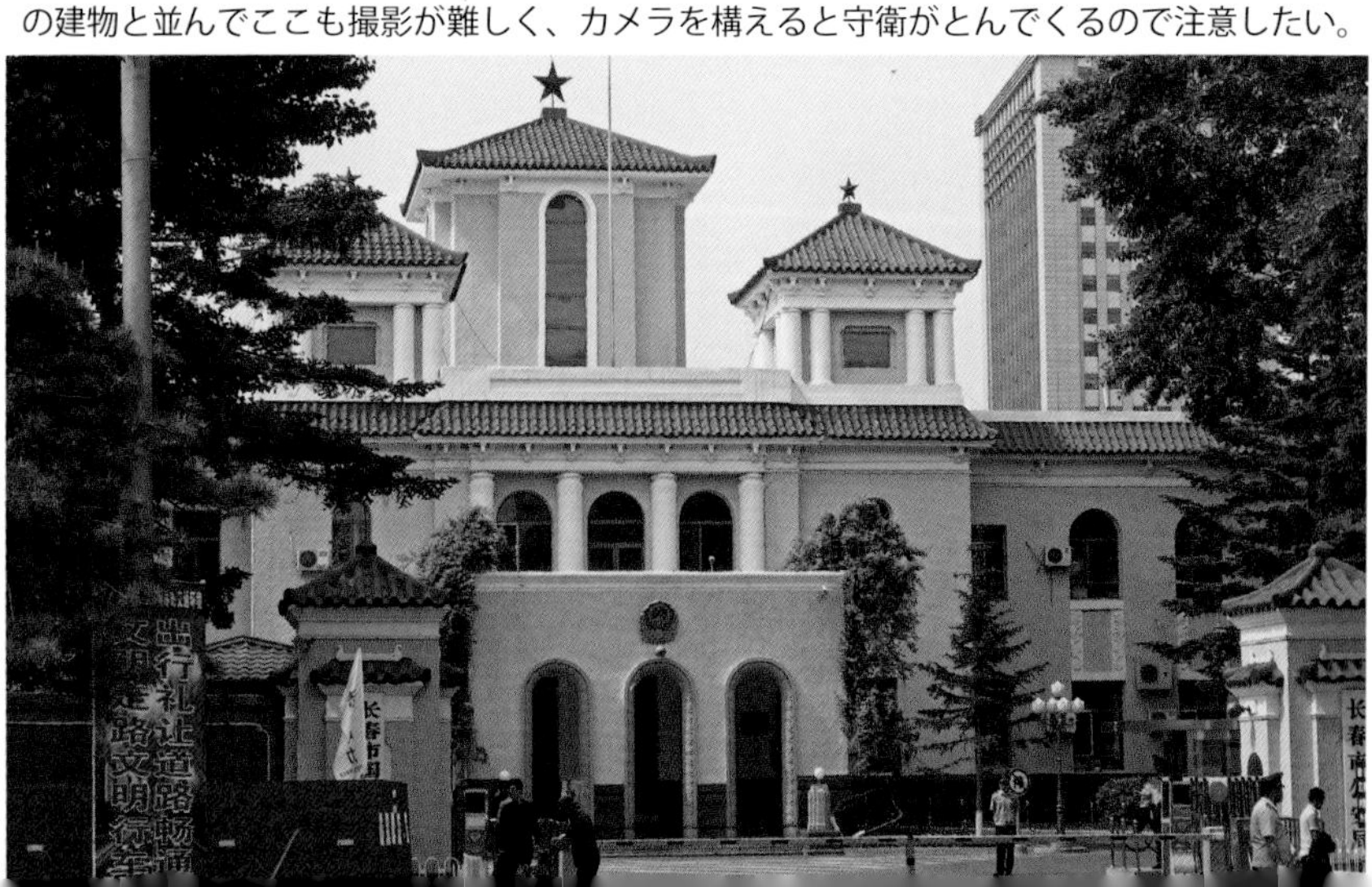

日本人が夢見た満洲という幻影

中国東北部の建築遺構を訪ねて

船尾 修 写真・文

関東軍司令官官邸

新日本出版社

満洲地図

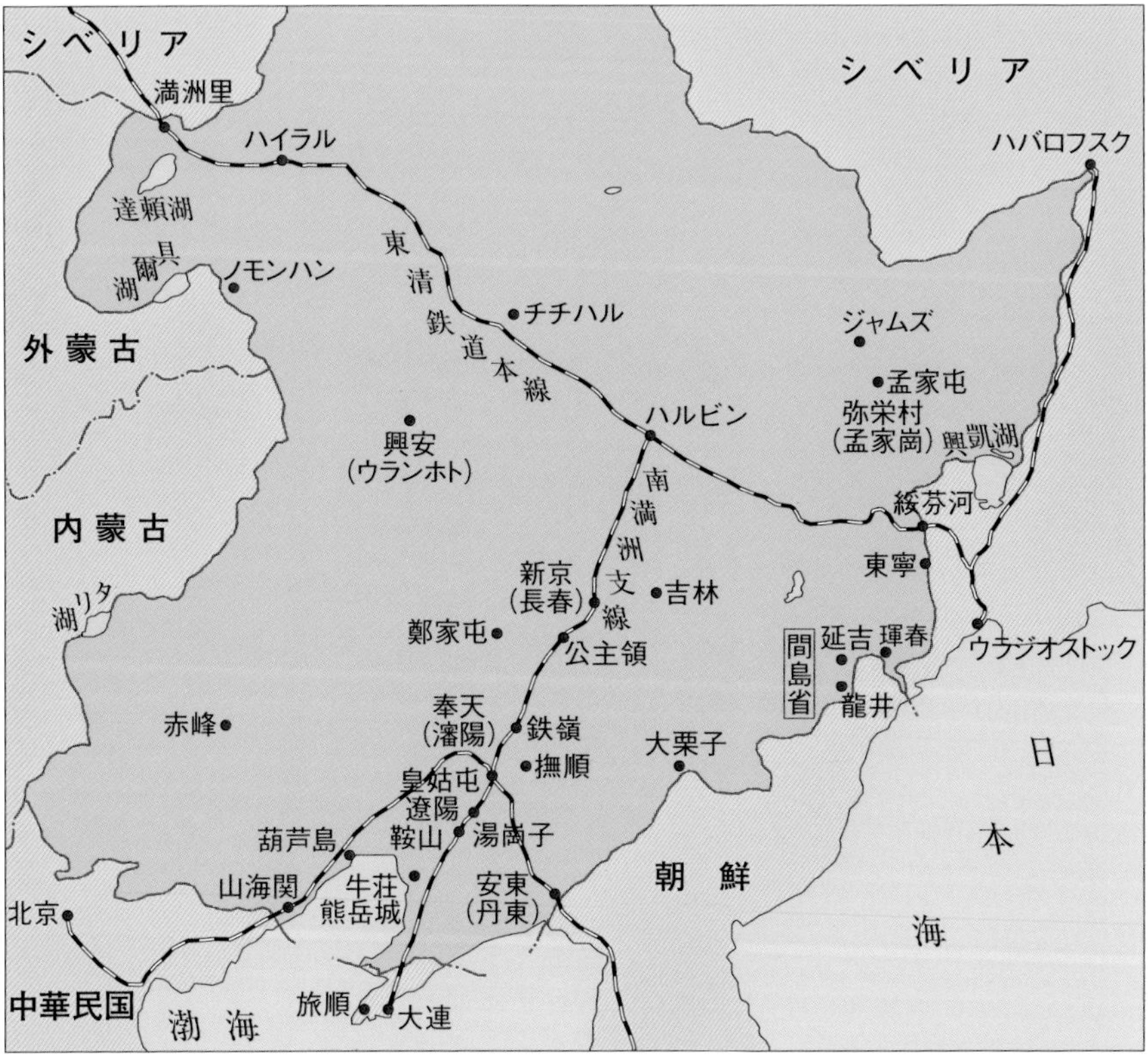

	凡例
	国界
	鉄道
	湖沼

(1945年8月現在で表示)

目次／日本人が夢見た　満洲という幻影――中国東北部の建築遺構を訪ねて

はじめに

満洲時代の建築物との出会い

私が初めて満洲を訪れたのは2016年1月のことである。もっとも満洲という地名はすでに消滅してしまっているから、正確に記すと現在の中華人民共和国の東北部にあたる遼寧省《りょうねいしょう》、吉林省《きつりんしょう》、黒竜江省《こくりゅうこうしょう》付近を指す。緯度で言うと日本の北海道から関東北部にかけてとほぼ同じなのだが、大陸性気候のため冬でもさして降雪はないものの凍えるほどの寒気に包まれる。日本を出発するときに用意していった防寒具では役に立たず、現地であわてて毛の帽子や手袋、アンダーウエアなどを買い足したことを思い出す。

そもそも私がそのとき満洲を訪れてみようと思い立ったのは、さしたる目的があったわけではなかった。防寒対策ひとつとってもわかるように、この地域に関する予備知識などないに等しかった。

その前年まで、私は足掛け六、七年ほどフィリピンへ通っていた。フィリピンへは戦前にたくさんの日本人移民が渡っており、二世、三世が現在でもご健在である。彼らの暮らしぶりを実際に拝見し、戦前、戦後についてのファミリー・ヒストリーを聞き書きすることによって、自分なりに捉《とら》え直した「もうひとつの戦争」をまとめるためである。

この仕事は「フィリピン残留日本人」（冬青社刊）という写真集にまとめることができたので、戦前を語る際に避けては通れない満洲という場所を一目見ておこうという軽い気持ちで訪れることにしたのである。

フィリピン残留日本人の取材の過程でずいぶんと太平洋戦争について勉強したのだが、満洲という存在が非常に大きな影として日本にのしかかっていたことを感じていた。それでフィリピンの仕事が一段落したので、頑張った自分へのご褒美《ほうび》も兼ねて満洲を旅先に選んだというわけだ。

瀋陽《しんよう》（かつての奉天）、大連、旅順とまわったのであるが、物見遊山的な気楽な旅行のはずが、次第に何かに引き込まれていく自分がそこにはいた。吐《は》く息も凍るほどの寒気のなか、私は両手をポケットに突っ込んだまま夜明けから日暮れまで街の中をほっつき歩いた。

胸の奥底から突き上げてくる高揚感が、「もっともっと」と自分の足に指令を出し、好奇心にさらに火を灯《とも》す。私はまるで宝探しをするかのように、戦前の満洲時代の面影を探しながら歩いていた。

満洲時代の面影……それは具体的に言うと、ビルであり、建築物である。実は満洲時代の建築物が残存していることは聞いてはいたのだが、これほどたくさん残っているとは思いもよらなかったのである。

とりわけかつての官公庁の建物は巨大で威圧感があると同時に、デザインが独特で美しく、私はそれらを見上げているうちに何とも言えない複雑な感情が湧《わ》き上がってくるのを抑えることができなかった。ひとつひとつの建物が黙して何かを語りかけているような気がしたのである。

満洲国はたかだか十三年半ほど存在した「国」に過ぎない。国にカギ括弧を付けたのは、ある意味で不完全な国だったからだ。日本の傀儡《かいらい》国家であることは間違いないが、しかし日本の領土であったかと言われればそれは違う。世界情勢が刻々と変化する戦前において、歴史の狭間《はざま》に産み落とされた私生児のような存在。国でありながら国でない、それが満洲というところである。

満洲が地政学的に中国の一部であることは否定しようがないことだが、現実に実権を握っていたのは日本人である。巨大で斬新《ざんしん》なデザインの建築物を見上げていると、これを設計し施工したのは同胞である日本人なのだ、と私は誇らしい気持ちになった。しかし同時に、大きな違和感をもおぼえることになる。当時に生きた現地の中国人たちはいったいどのような思いでこれらの建築物を見上げていたのだろうか。

満洲について語ることは実は容易なことではない。戦後、数えきれないほどたくさんの満洲について書かれた本が出版され、それは現代になっても続いているのだが、それらをいくつか拝読すると著者の立場がどのようなものであったかによって、あるいはどのような思想を持っているかによって、「満洲」の実像はまったく違ったものになってしまうことに驚いたものである。

エリートである満鉄（南満洲鉄道）幹部や日本から送り込まれた官僚と、原野に入植した満蒙《まんもう》開拓団の農民とでは、彼らが見ていた「満洲」は別次元のものであった。また評論する人からみれば、日本よりも科学技術や統制経済が進んだ先進地としての満洲を評価する人がいるいっぽうで、軍事的な意味での防衛線として満蒙開拓団を配置した棄民的な措置に対して憤りを隠そうとしない人もいる。満洲を語ることはどうにも一筋縄ではいかないのだ。

誰かが間違っているわけではなく、誰かが嘘《うそ》をついているわけでもない。要はその人の立場によって見ているものが異なるだけなのである。だから普遍的な満洲の実像はなかなか見えてこない。

そんなことを漠然と考えながら極寒の地を歩きまわっていたわけだが、そのうちどうでもよくなってきた。街並みの一角にぽつんと戦前の建築物が残されているのを発見すると、純粋に喜びというか愛《いと》おしさが込みあげてきた。この建物はいったい日本人の誰がデザインしたのだろうか。どのような用途で使われていたのだろうか。建築物にはそれぞれの物語が刻まれているはずである。私はそれを知りたいと思った。そのとき自分の内部で電光のように閃《ひらめ》くものがあった。

満洲の大地に残存している戦前の建築物を探し出して、その名称や由来、設計者や使用目的について調べてみよう。主観をできるだけ排して、資料として建築物のデータベースのようなものをつくれば、その集積から満洲の実像というものに近づくことができるのではないだろうか。

経済発展著しい中国ではご存じのように大規模な都市の再開発が行われており、もしかするとこうした満洲時代の記憶が刻まれた建築物も次々に取り壊されてしまうかもしれない。おそらく時間の問題に違いない。だとしたら戦前の建築物を撮影して記録として残すことには大いなる意義があることだろう。

私は帰国後、さっそく調査に取り掛かった。国立国会図書館で満洲時代の都市の地図をコピーしてもらい、さまざまな文献を集めはじめた。そして時間と取材費を工面してはその後何度も中国へ飛び、重い撮影機材を肩にかつての満洲の痕跡《こんせき》を探す旅が開始されたのである。

満洲を知ることは、日本を知ることでもある。建築物を探し出し、その由来や経歴を調べているうちに、その考え方はやがて確信に変わっていった。満洲にはまぎれもなく日本のエッセンスがぎゅっと濃縮されている。

この本では、読者の皆さんと一緒にかつての満洲の街を歩きながら、建築物から浮かび上がってくる歴史を学び直してみたいと思う。

1. 旅順　満洲国建国への助走

戦前、日本が起死回生を賭けて建国を進めた満洲国。しかし日本の敗戦とともにその歴史はわずか13年半で幕を閉じた。日本人にとって満洲国とはどのような意味を持っていたのだろうか。そして中国大陸におけるかつての満洲国の実体とはいかなるものであったのだろうか。

日本と中国をつなぐ存在としての満洲国に私は興味を抱き、かつての満洲国の残り香を求めながらカメラを手に現在の中国東北部を歩きまわった。そしてその結果、当時の建築物が思いもかけない形でたくさん残されていることを知る。この本では、当時の状況や歴史的バックグラウンドを辿《たど》りながら、現在もなお残存する満洲国時代の建築物を紹介していきたい。

満洲国の出発点になった旅順、関東州

日本が太平洋戦争へと突き進んだ原因はもちろんひとつだけではないが、日露戦争における勝利とそれに続く満洲国の建国にそのターニングポイントを求めることに異論を差し挟む余地はないだろう。日露戦争の直前、東アジアは不穏な空気におおわれていた。ロシアを筆頭にイギリス、ドイツ、フランスといった列強が清国（現在の中国）に対して領土を割譲させ、虎視眈々《こしたんたん》とさらなる領土拡張をもくろんでいたからである。

特にロシアは遼東《りょうとう》半島の重要な港である旅順を清国から租借して軍事基地化を進め、朝鮮半島や日本本土に睨《にら》みを利かせるようになっていた。当時、ロシアは世界でも最強の陸軍を擁しているといわれており、日本にとって非常に大きな脅威となっていたのである。

外交による問題解決に失敗した日本はついに1904年（明治37年）、ロシアに対して宣戦布告した。日露戦争の始まりである。旅順に築かれた堅牢《けんろう》な要塞に阻まれて、日本軍は屍《しかばね》の山を築くことになったが、翌年にはついに攻略に成功する。日本は満洲の大地の北進を続け、遼陽《りょうよう》、奉天（現在の瀋陽《しんよう》）における会戦に勝利。さらには対馬沖海戦でバルチック艦隊を撃滅することに成功し、多大な人的被害を被りながらも最終的に日本はこの戦いに勝利したのである。

賠償金こそ取れなかったが、日本は遼東半島の租借権を手に入れ、北方の長春まで伸びる鉄道（東清鉄道）などのロシアの権益を引き継いだ。満鉄（正式名は南満洲鉄道）はこのとき正式に誕生したのである。租借した遼東半島は関東州と名付けられた。なぜ「関東」という名称なのか混乱される方も多いが、これは万里の長城の東端である山海関の東側に位置することから、「関の東側」という意味である。

またこれも混同されがちだが、関東州はその後に建国されることになる満洲国の一部ではなく、あくまでも日本の租借地という名の領土であることも付け加えておきたい。しかしながら満洲国の出発点は日露戦争に勝利したことによって得た旅順や関東州にあることは間違いなく、そういう意味で本書は旅順からスタートすることにした。

街全体がまるごと博物館

ロシアとのポーツマス条約（日露講和条約）締結後、1905年（明治38年）に日本は遼陽に関東総督府を設置する。地図（32頁）を見れば一目瞭然だが、遼陽は租借地の関東州ではなく、そこから満洲の大地へかなり分け入った奉天の近くの街である。ここに総督府を置いたのは、ロシアから引き継いだ鉄道の路線を守護するためというのが理由であった。初代の総督に当時の陸軍大将であった大島義昌《よしまさ》が任命されたことからも読みとれるように、日本は満洲の大地を軍事的に支配下に置きたいという野望を隠そうともしなかった。

これは余談だが、大島義昌は元長州藩士。内閣総理大臣であった安倍晋三《しんぞう》は父方の祖母が大島義昌の孫娘にあたる。つまり安倍晋三は玄孫《やしやご》ということになる。

ついでに付しておくと、安倍晋三の母方の祖父としてよく知られている岸信介《のぶすけ》は戦前、当時の商工省官僚であったが、建国間もない満洲国の国務院高官として産業開発5カ年計画に携わるなど、満洲国とは切っても切れない深い関係を築いた。そうした日本の権力構造に織りこまれた血縁の太い糸を見たとき、権力の中枢とはまさにこういうことを指すのかと粛然とする思いだった。

総督に陸軍大将を据えたことからもわかるように、関東総督府は軍政を敷いたが、当然ながら清国や欧米列強から強い批判を浴びた。そのため翌年、機構を改変して名称も関東都督府に変更し、設置場所も遼陽から旅順に移ることになる。表向きは民政だが、都督はこれまでの慣例どおり陸軍の幹部から選ばれていた。

その後、1919年（大正8年）になって再び機構改変が行われ、関東都督府の行政を担う部署が関東庁となった。そして軍部である鉄道守備隊が独立して、後に「泣く子も黙る」とうたわれた関東軍が発足することになったのである。

関東庁も関東軍も、日露戦争以前にロシアが建設した建物をそれぞれ本部、司令部として使用した。これらの建物はどちらも旅順市内に現存しているが、私が訪れたときは敷地内へは入れず外観しか見学することはできなかった。

旅順は軍港として発展してきた歴史を持っている。遼東半島の先端に位置し、天然の良港であることから、この地を支配してきた清朝、ロシア、そして日本にとっては地政学的に非常に重要だったからだ。1878年（明治11年）にまず清国の北洋艦隊基地が置かれた。

1894年（明治27年）にはじまった日清戦争で日本が勝利した後に、遼東半島はいったんは日本に割譲されたが、ロシア、フランス、ドイツによるいわゆる三国干渉によって清国へ泣く泣く返還させられることになる。しかしその直後にロシアは清国と話をつけて、遼東半島をちゃっかり自分の租借地にしてしまったのである。いま私が見上げている関東庁（関東都督府）と関東軍司令部の建物は、そのロシア租借時代に建設されたものである。

戦後に中国共産党政権が樹立されてからも旅順の軍港としての重要性は変わらなかった。そのため旅順の街への外国人の入域は長らく禁止されてきた。外国人にも開放されたのは1996年（平成8年）に入ってからである。それも団体旅行にかぎられ、訪れることのできる場所も二〇三高地など数カ所のみであったらしい。

街の中を自由に歩きまわれるようになったのはつい最近のことで、2009年（平成21年）からのことだ。私が訪れたのは開放後ほどなくしてからだが、戦前のまま時が止まったかのような街並みに衝撃を受けたものである。街全体がまるごと博物館になっていると言っても過言ではないだろう。廃墟《はいきょ》になってしまっている建物も少なくなかったが、たとえば現在の旅順博物館のように原型をほぼ残したまま利用されている建物も多かった。

近年の中国における都市再開発のスピードは私たち日本人の想像をはるかに越えるほどすさまじいものがある。私は1980年代後半にバックパッカーとして中国各地を旅して歩いたが、そのころの記憶にある中国はすでに失われてしまっている。ところが旅順（現在は大連市旅順口区という行政区になっている）に関してそれは当てはまらない。旅順は重要な軍港であるがゆえに、他の都市のようには過剰な再開発の荒波が届かなかったのである。

戦前の古い建築物を訪ね歩くには徒歩が一番適していると思う。車だと見過ごしてしまうことがけっこうあるし、狭い脇道へ入っていくのも大変だからだ。大連からのバスが停車するのが、かつての旅順の旧市街の一角。私はいつもここを起点にして、戦前に発行された地図のコピーを片手に歩きまわるのが常であった。地図には、栄町や乃木町、青葉町、富士町などと記されている。

この旧市街には、かつての関東都督府高等・地方法院（現在は旅順日本関東法院旧《きゅう》址《し》陳列館として一般開放されている）や関東庁旅順病院（前身は日本赤十字社関東州病院）などの建物が残されている。旅順病院は現在、中国海軍が管理しているため、遠くから外観を眺《なが》めることができるのみだ。

街の背後に続く坂道を登っていくと、かつての旅順刑務所がある。ハルビン駅のホームで伊藤博文を暗殺した朝鮮半島出身の安重根《アンジュングン》は捕らえられてこの刑務所に入れられていた。現在は旅順日俄《にちが》監獄旧址博物館として内部が開放され、私が訪れたときは英雄としての安重根を解説するパネルがいくつも展示されていた。

旅順の街をぐるりと取り囲む形で、北側の山あいにはロシアが建設した堡塁《ほるい》がいくつも連なっている。そのうちのひとつが東鶏冠山北《とうけいかんざんきた》堡塁《ほるい》で、大量のコンクリートを使って司令部や弾薬庫などが回廊で結ばれており、内部を見学することができる。ぶ厚いコンクリートの壁面には日本軍によるすさまじいまでの砲撃の跡が無数につけられたままとなっている。

旧市街から新市街へ向かう途中、丘の上に塔が立っているのが見えるが（白玉山塔）、これはかつて表忠塔と呼ばれていた。東郷平八郎と乃木希典《まれすけ》の発案により日露戦争における戦死者を祀《まつ》るため１９０９年（明治42年）に竣工した。高さ66メートルのこの塔が立つ白玉山山頂からは旅順の港を見下ろすことができる。

その軍港だが、意外なことに軍港遊園として一般開放されている。私は最初、外国人は入場させてくれないだろうと思っていたのだが、窓口で入場料を払うと拍子抜けするほど簡単に入ることができた。間近に中国海軍の船も停泊している。中国人観光客の方たちもスマホで気楽に記念撮影している。軍事機密はどうなっているのかと思ったが、よく考えてみると一般開放されているのはあくまでも「遊園」であり、軍港のほんの一部だけなのだろう。

新市街への入り口付近には旅順駅がある。ロシアらしい緑色の丸い小さなドームが上に乗ったかわいらしいデザインの駅である。日露戦争の前年にはすでに営業が開始されていたというから、おそらく残存する駅舎としては中国最古のひとつだろう。

広々とした芝生の公園あたりが新市街の中心だろうか。前出の関東軍司令部や関東庁博物館（現在の旅順博物館）、憲兵隊司令部、関東都督府などはこの公園の一角に当時のままの姿で建っている。西へ歩を進めると、中国人のための高等教育機関であった旅順師範学堂の堂々とした校舎があり、広場を挟んだ向かい側には旅順ヤマトホテルが廃墟《はいきょ》となって寂しげに鎮座している。１９０８年（明治41年）開業の旅順ヤマトホテルは往時の面影はあまり残っていないが、後の章で述べる「皇帝」溥儀《ふぎ》たちが満洲国建国直前に天津から脱出してここにしばらく滞在したといわれている。

旧市街に比べて開発の手があまり伸びていない新市街には、官庁や学校などの大きな建築物以外にも実にたくさんの官舎や住居などが散らばっており、そのたびに私は立ち止まって写真に収めるのであったが、正直言ってこうした建物は文献で調べようにも由来はおろか何の建物なのかさえもわからないものが大部分なのが実際のところだ。

しかしこうした古い建築物がいつまでも保存されるとは考えにくい。私にできることといえば、ひとつでも多くの戦前の建物を見つけ出して写真で記録しておくことである。そしてその建物に刻まれた歴史的背景を検証していくことによって、日本人がこの地でいったいどのようなことを考え何を成し遂げようとしていたのかを考証してみたいと思う。

2. 奉天（瀋陽《しんよう》）① 満洲事変の舞台

中国の歴史は王朝の勃興《ぼっこう》と滅亡の繰り返しそのものだが、最後の王朝は「清《しん》」である。その清朝は1911年（明治44年）に起きた辛亥革命《しんがいかくめい》が原因となって滅びることになったが、それまで276年間中国全土を統一した。

辛亥革命後には孫文によって樹立《じゅりつ》された中華民国臨時政府が政権を引き継いだが、広大な大陸をまとめることができずに、やがて各地の軍閥による複雑な権力闘争が続いたため内乱状態に陥った。北京に首都を置く中華民国（いわゆる北洋軍閥政府）が形式上は中国を代表する政府だったが、中国国民党の蔣介石《しょうかいせき》が1928年（昭和3年）に南京に国民政府を樹立するなど混沌《こんとん》とした政治状況が続いていた。

満洲国が建国されていく過程においては、満洲を含む中国全土が内乱状態にあり、政治的に非常に不安定であったことは、これから話を進めていくうえでとても重要なのでぜひ記憶しておいていただきたい。

私たちはよく「中国」とひとまとめにしがちだが、中国は多民族国家である。人口の94パーセントを占める漢民族以外に55の少数民族が暮らしている。民族が異なれば、言語や習慣、信仰などの文化も当然それぞれ異なる。

現在の中国は1949年（昭和24年）に成立した中華人民共和国のことを指すが、党大会の顔ぶれを見てもわかるとおり漢民族が実権を握る国家である。これに対して清朝は漢民族ではなく、もともと中国東北部に暮らしていた満洲族が打ち立てた政権であった。王朝や権力は連続するものと思い込んでいる日本人にはなかなか理解しにくいのだが、中国では王朝が滅亡すると権力もすべて交代することになる。そういう意味では、満洲国の存在は現代の政権を担う中国共産党政府と切り離して考えないと歴史認識を誤る可能性がある。

清朝の勃興と衰退

清朝の太祖《たいそ》はヌルハチという。それまで続いた明朝の後に後金国を打ち立てた。名前から見てもわかるように中国大陸で最も多い人口を抱える漢民族ではなく、女真族《じよしんぞく》と名乗っていた。１６３６年（寛永13年）にヌルハチの息子であるホンタイジが民族名を満洲族とあらためるに伴い、自身が皇帝となって国号を大清（清朝）とした。女真族はチベット仏教を信仰しており、そのなかでも文殊菩薩を崇敬していた。満洲（マンジュ）の呼称は、文殊（モンジュ）に由来すると言われている。

その後まもなく清朝の首都を北京《ペキン》に定めることになるが、民族発祥の地である盛京（その後、奉天と改められる。現在の瀋陽《しんよう》）には王宮が置かれた。そこは瀋陽故宮と呼ばれるが、皇帝の陵墓と合わせて２００４年（平成16年）にユネスコ世界遺産に登録されたこともあり、いつ訪れても中国人観光客でにぎわっている。

清朝はその後、18世紀末ごろまで勢力を拡大し、現在のチベット自治区や新疆《しんきょう》ウイグル自治区なども支配下に置いていた。しかし19世紀に入ると清朝は急激に衰退していく。その原因は西欧列強による侵略である。

産業革命後の西欧はアジアへの海洋進出を通じて交易を拡大させていた。とりわけイギリスは東インド会社を設立するなど貪欲《どんよく》な姿勢を隠そうともしなかった。インド周辺の地域でアヘンを栽培し、それを中国大陸に持ち込んでは暴利をむさぼり、圧倒的な軍事力をちらつかせながら清朝に圧力をかけ続けた。

そのようすを横目で見ていたロシアやフランス、ドイツなども次々と戦争を仕掛けては清朝に不利な条約を結ばせ、領土や港を占領していく。虫食い状態になった清朝は急激に国力を落とし弱体化していった。

1894年（明治27年）には日本もこの動きに乗る形で日清戦争を起こし、結果的に勝利する。そして下関条約によって遼東《りょうとう》半島や台湾を日本に割譲させることに成功する。ところが西欧列強は新参者の日本にそのような利権を渡すことを許さず、いわゆる三国干渉によって遼東半島の割譲を日本から取り上げた。当時の日本にはまだ西欧列強に対抗する軍事力も度胸もなかったのだろう。

日本の中国大陸への進出をあきらめさせたロシアはその後、弱体化した清朝につけ込む形で、モンゴルから満洲にかけての広大な地域を実質的に支配下に置くようになる。同時に中国の内部では、孫文らが新政権樹立に向けて勢力を急拡大していた。そして1911年（明治44年）に起きた辛亥革命が原因となって清朝はあっけなく崩壊してしまったのである。

張作霖爆殺事件から満洲事変へ

翌1912年（明治45年／大正元年）に革命家の孫文《そんぶん》によって中華民国臨時政府が成立するが、国家としての基盤は弱く、主導権を巡って分裂や合流、対立などが起き、中国大陸では政治的混乱が拡大するいっぽうの混沌とした時期が続く。強力な国家統一政権が樹立されるのは、戦後の1949年（昭和24年）の中華人民共和国の成立まで待たねばならなかった。

このような権力の空白期に満洲の地において台頭してきたのが軍閥の張作霖《ちょうさくりん》である。地方の一馬賊に過ぎなかった張作霖は、関東軍による軍事支援を受けることによって次第に力を蓄え、満洲における実効支配を強固なものにしていった。やがて東北三省（満洲のほぼ全土を指す）の独立を宣言するまでになっていく。

1926年（昭和元年）に北京に入城した張作霖は自らを大元帥と宣言し、中華民国政府の代表としての振る舞いを見せるようになる。そうなるとこれまで支援を受けていた関東軍や日本の存在が次第に疎ましくなっていったのだろう、欧米資本を導入することにより満鉄の路線に並行して新たな鉄道の建設を計画するなど、次第に反日的な行動をとるようになっていった。

関東軍にしてみても、勝ち馬に乗る形で張作霖を支援することによって、やがて来るべき時期には満洲の全権を手に入れようと虎視眈々《こしたんたん》と狙《ねら》っていたのに、次第に張作霖の反日的な行動にがまんできなくなりつつあった。張作霖を始末すべしという考えは急速に共有されるようになっていく。

そのような時期に、蔣介石が率いる国民党の北伐軍が北京へ向かうのである。関東軍の後ろ盾がなければ政権は維持できないと判断したのだろう、張作霖は満洲の地へ引き上げる決断をする。列車で奉天（瀋陽）へ向かった。1928年（昭和3年）のことである。

関東軍は奉天郊外の鉄道の陸橋に爆薬を仕掛け、張作霖の乗った列車を吹き飛ばした。現場にはアヘン中毒の中国人を殺害して転がし、国民党による犯行と見せかけた。計画立案は関東軍の参謀だった河本大作《こうもとだいさく》であるといわれている。関東軍はこの事件に乗じて一気に満洲全土に進軍し、占領する計画だったらしいが、結果的にうまくいかなかった。

この張作霖爆殺事件は中国では現場の地名を取って皇姑屯《こうことん》事件と呼ばれるが、情報を秘匿し続けた日本では「満洲某重大事件」として事件の真相は戦後の東京裁判で明らかにされるまで隠されることになった。しかし大日本帝国陸軍の一組織に過ぎない関東軍が自らの判断でこのような事件を起こしたことは日本の国防方針にも重大な影響を与えることになってしまう。当時の田中義一内閣はこの問題をうまく処理することができず、結局内閣総辞職につながった。

張作霖が暗殺された後、息子の張学良が権力を引き継いだ。そして張学良はそれまで敵対していた蒋介石の南京国民政府と合流する道を選ぶ。易幟《えきし》と呼ばれるこの動きは、合流というよりは実質的には国民政府に敗北したといってもよいだろう。関東軍と決定的に袂《たもと》を分かつからには、張学良にはその方法しか生き延びる道は残されていなかった。中国国民党はこの易幟により対外的には中国全土を統一したことになる。

張学良が満鉄に平行した鉄道路線を敷設した結果、満鉄の経営は悪化した。このため鉄道附属地の運営にも影響が出るようになっていく。関東軍はこのため次第に張学良を排斥して満洲を分離独立させる構想を膨らませていくことになるのである。実際に次の行動に移すまでさほど時間はかからなかった。

1931年（昭和6年）、張作霖爆殺事件が起きた現場からほど近い奉天の柳条湖というところで事件は起きた。何者かによって満鉄の線路が爆破されたのである。大きな被害が出たわけではなかったが、関東軍はこれを中国側の仕業にして、在留日本人の保護を名目に満洲各地へ兵を送った。奉天はもちろん北は長春まで瞬《また》く間に関東軍は占領することに成功する。

満洲の地を実効支配していた張学良は関東軍と戦うことはなかった。というのは、国民党は勢力を拡大しつつあった共産党との内戦に疲弊し、兵を送る余裕がなかったためだ。このため関東軍はこの事件の後、6カ月ほどの間に北方の拠点であるハルビンまでの広大な満洲を無傷でほぼ手中に収めることができたのである。

大きな戦いも抵抗もなくやすやすと満洲を占領下に置くことができたことにより、関東軍もその背後にいる日本も自分たちは無敵だというおおいなる錯覚をしてしまったのではないだろうか。その勘違いが結果的にその後の日中戦争や太平洋戦争へとつながっていったように私は思う。

満洲事変と呼ばれるこの動きは、現場の地名を取って柳条湖事件とも呼ばれるが、中国では事件の起きた日にちをとって九・一八事変と呼んでいる。私たち日本人はほとんどが知らないことだと思うが、現代の中国では9月18日を「無忘国恥の日」（国の恥を忘れることなかれ）と制定し、日本が中国大陸への侵略を開始し占領した日として国民に教育している。

現場には「九・一八歴史博物館」が建てられ、満洲事変以降の日本の侵略の様子をジオラマや写真などを使って展示している。入場料は無料で、私も何回か見学したが、日本人であることがバレるのではないかといつも大勢の中国人訪問客の視線が気になったものだ。

満洲事変を計画したのは、関東軍の板垣征四郎大佐と石原莞爾《いしわらかんじ》中佐であった。日本の陸軍中央はこのときすでに関東軍の独断専行を止めることができなくなっており、戦時体制に入りつつあった日本ではむしろそのような関東軍の動きを英雄視し、支持する雰囲気が醸成されつつあった。満洲全土が関東軍の支配下になり、翌年の満洲国建国へと歴史の針は大きく進んでいくのである。

3. 奉天（瀋陽《しんよう》）② 異国にあった「東京駅」

満洲事変が起きたのは1931年（昭和6年）であり、満洲国の建国はその翌年のことだが、実はそのかなり前から満洲という地にはたくさんの日本人が渡り居住していた。日露戦争に勝利したことにより、日本はロシアから長春以南の東清鉄道線を譲渡されることになり、その経営のために南満洲鉄道株式会社（略して満鉄）が設立されたのが1906年（明治39年）。本格的な日本人の入植はこのころに始まったといえる。

鉄道を経営していくためには線路以外にも駅舎を建てたり新線を伸ばしたりと当然ながら周辺の土地も必要になってくる。このため日本は清国に対して「鉄道附属地」という名の租借地を認めさせ、さらには警備のための軍隊の駐留が必要だという要求を押し通すことに成功した。鉄道の線路1キロあたり15名以内の兵士を配備する権利を得ることにより、鉄道附属地は実質的に日本の支配下に置かれることになったといえる。

領土ではないけれど限りなく領土に近いこうした支配の方法は、日露戦争以前にすでにロシアによって実行に移されていたものだ。非常に巧妙かつ狡猾《こうかつ》なやり口と言えるだろう。日露戦争に勝利後、日本は遼東《りようとう》半島を得ただけでなく、こうしたロシアのやり方をそっくりそのまま真似《まね》て引き継いだのである。

その後、辛亥《しんがい》革命が起きて清朝が滅び、満洲の地が軍閥である張作霖《ちようさくりん》・張学良父子の支配下に入った経緯は2章（奉天（瀋陽）①　満洲事変の舞台」）で述べたとおりであるが、この無政府状態が続く権力の空白期にも、日本は満鉄を中心として着々と都市計画を進めた。

当初設定された鉄道附属地の総面積は183平方キロ。満洲国が建国される直前には371平方キロと倍増されたが、それでも日本の国土の3倍の総面積を持つ広大な満洲に比べると微々たるものかもしれない。しかし当時は鉄道というのは経済をまわしていくための大動脈ともいえる重要な位置にあったので、満鉄は鉄道の周辺部に資本を集中投下して新たな街を建設していくことで、満洲発展の起爆剤にしようとしていた。

外務省外交史料館に保管されている1923年（大正12年）発行の「関東州並満洲在留本邦人及外国人人口統計表」によると、奉天（瀋陽《しんよう》）に居留する日本人の総数は約3万3000人であり、そのうち鉄道附属地内には3万人ほどが居住していたのがわかる。この数字は満洲国建国の10年ほど前のものなのである。

満洲国は日本が敗戦した年に消滅したためわずか13年半しか存在しなかったことになっているが、それは支配の主体が満洲国か日本国かというだけの話であり、実際には鉄道附属地が設定されたときから満洲国の基礎作りが開始されていたと考えるべきだろう。

奉天の鉄道附属地は、満洲のなかでも最大の面積を誇った。清朝が誕生した由緒ある故地であり、その後を支配した張父子が奉天城内に拠点を置いたことからもわかるように、奉天（瀋陽）は政治と経済の中心地であった。だから満鉄がこの地に最大の鉄道附属地を設けたのは自然の成り行きだったと想像される。現在においてもその思想は引き継がれているといってもよいだろう。日本国が中国に開設している出先機関のうち、満洲の地であった遼寧省、吉林省、黒竜江省のなかで総領事館が置かれているのは瀋陽である。

「中山路」を中心に都市開発

現在の瀋陽にどれだけの満洲時代の建築物や遺構が残されているのか、実際に歩いてみることにしよう。まず瀋陽駅からスタートしてみたい。現在の中国は各地で高速鉄道の敷設が急ピッチで進められており、中国東北部でも大連と哈爾浜《ハルビン》を結ぶ路線が２０１２年（平成24年）に開通した。日本では、事故がよく起きているとか乗り心地が悪いとかいろいろ噂《うわさ》されていたが、２０１６年（平成28年）に私が初めて乗ったときは日本の新幹線と変わらないほど列車の旅は快適だった。車内に速度を示すモニターがあり、時速３００キロを超えても揺れを感じることはほとんどなく、「中国やるじゃないか」と感心したものである。

ただ切符を購入するためにいちいち身分証明書を提示しなければならなかったり、何度も荷物検査を受けたりしなければならないのが面倒だ。また、発車の直前にならないとホームに入場できないため待たされる時間が長く、日本のようにスムーズな乗車とはならない。待合室も車内も清潔ではあるが、全体としてどこか無機質な冷たい感じを受け、日本のようにうきうきした旅行気分に浸ることができない点が残念だが。

その瀋陽駅の駅舎は奉天駅と呼ばれた時代に日本人が設計したもので、高速鉄道が走るようになっても外観は往時とほとんど変わることなく残されている。写真をよく見ていただきたい（16頁）。どこかの駅舎に似ていないだろうか。そう、東京駅である。

奉天駅は満鉄本社の建築家、太田毅《たけし》が設計を担当した後、吉田宗太郎に引き継いで１９１０年（明治43年）に竣工した。赤レンガと白い花崗岩《かこうがん》などを組み合わせた華やかな外観が特徴で、この建築様式は当時活躍していた建築家の辰野金吾が好んで用いたので「辰野式」と呼ばれている。太田は辰野の弟子にあたるため、辰野式の影響をおおいに受けていたのだろう。なお東京駅は辰野金吾によって奉天駅が完成した後の１９１４年（大正３年）に完成した。

瀋陽駅を背にして立つと赤茶色をした3階建ての古い建物が目につくが、これは当時の満鉄奉天共同事務所である。入口の上部には竣工年を表す「1912」という数字が刻まれている。駅前はいつも人通りが絶えないが、人混みをかき分けながら左斜め前に伸びる「中山路」という道路に入る。かつて「浪速通り」と呼ばれた幹線道路で、鉄道附属地としての都市開発はまずこの通りを中心にして始まったのである。

すぐに中国郵政と書かれた建物に目が留まる。赤レンガが基調で先ほど見た奉天共同事務所の正面とよく似た印象を受ける。当時の奉天郵便局だ。現在も同じ郵便局として使用されているのがなんとなく不思議な気がする。郵便局の裏手には、がっしりとした石積みの基礎を持つ重厚な建物があり、これは満洲電電の奉天自動電話交換局である。

今も使われ続けている日本の支配の象徴

中山路をさらに直進すると、秋林《チューリン》公司という百貨店の支店がある。かつて藤田洋行という機械を輸入する会社だったところだ。さらに歩を進めると、正面に巨大な毛沢東の銅像が見えてくる。ここは中山広場という直径が90メートルもある巨大な円形広場であるが、日本時代には奉天大広場と呼ばれ、当時は毛沢東の像の位置に日露戦争の勝利を記念した碑が立っていた。

私は満洲国の取材で初めてこの広場に立ったときに、何とも言い表すことのできない複雑な感情を抑えることができなかったことをよく覚えている。広場の周囲には一目見たら忘れることのできないような美しいデザインの重厚な建築物が並んでいた。戦前の建物なのに初めて目にした気がしないのが不思議だった。そしてどこかで自分とつながっているような妙な懐かしさ。これらの建物をつくったのが日本人と知って同胞として誇らしく思った。

でもここはまぎれもなく現在では中国という異国の地であり、当時もまた中国人が暮らす地であったのだ。奉天ヤマトホテル。横浜正金銀行奉天支行。奉天警務署。東洋拓殖奉天支店。朝鮮銀行奉天支行。奉天三井ビル。建築当時の名称だが、どれもが日本人によって設計され建設されたものだ。どの建築物も堂々としており圧倒的な存在感を放っている。現在ではそれらの建築物をぐるりと取り囲むような形で中国の高層ビル群がひしめいているが、それでも美しいフォルムを誇る日本建築は見る者の目を釘付《くぎづ》けにする魅力にあふれていた。

鉄道附属地の開発が進められたとき、このあたりは一面がだだっ広い更地だったという。そこに突然のように欧風でモダンな建築群が出現したのである。現地人にとってみればそれら巨大な建物から当然ものすごい威圧感を受けたことは想像に難《かた》くない。日本による占領であると憤慨した人もきっと少なくなかったことだろう。

しかし現代に生きる中国人は、ある意味で日本の支配の象徴ともいえるこれら建築物を破壊したりせずに、文化財として扱い、修復しながら今も使い続けているのである（後述することになるが、たとえば神社などは日本の精神文化の押しつけにつながっていたため戦後ほとんどが破壊されることになった）。頑丈《がんじょう》すぎるため破壊が難しく、仕方なくそのまま使用しているのかもしれないし、あるいは使えるものはあえて壊す必要はないと中国人は考えるのかもしれない。日本が侵略した物的証拠と政治的にとらえているのかもしれない。同じように日本の侵略を受けた韓国では、戦後になってこうした戦前の建築はことごとく破壊されてしまったと聞いている。保存と破壊、そのちがいは民族によるものなのかどうか興味深い点である。

私は満洲国という消滅した国家を通じて、現在に至る日本と中国の関係性を解きほぐしてみたいと考え、まず最初に瀋陽にやってきたのであったが、広場をぐるりと取り囲む戦前の建築物を見たとき、正直たいへんなものに首を突っ込むことになりそうだぞと身ぶるいした。と同時に、満洲の地に残存する建築物を探索しながら旅をすることによって、自ずと両国が辿《たど》ってきた歴史というものが透けて見え、現代の日中関係につながるような物語を紡ぎだすことができるのではないかという手ごたえも感じたのである。

4. 新京（長春）① 原野の首都建設計画

1931年（昭和6年）に満洲事変を引き起こした関東軍は当初、その勢いのまま満洲全土を占領する腹積もりであった。この計画の中心的人物は作戦主任参謀であった石原莞爾《かんじ》中佐らである。石原の持論は、満蒙《まんもう》領有によって外地に資源と生産力を獲得し、疲弊している日本国内の経済を立て直したいというものであった。

当時の時代背景を見てみると、アメリカの株価暴落に端を発した世界恐慌が1929年（昭和4年）に起き、その影響が世界各国に波及していた。もちろん日本経済も大打撃を受けていた。そうした経済的危機にある日本を救うためには満洲の土地が是《ぜ》が非でも必要だという考え方である。アメリカとの「世界最終戦争」は将来的に避けることができないという持論を持っていた石原にとってみれば、広大な土地を手に入れることによって食糧と資源を確保し、国力を蓄えることのできる場所が満洲だったのだろう。

親日的な政治家を巻き込んで満洲国建国

事変の翌日、日本政府は急遽《きゅうきょ》、閣議を開いた。その結果、関東軍の謀略の可能性が高いことから、「不拡大方針」が閣議決定される。いくら満洲が政治的に不安定な土地であるとはいえ、やはり他国の領土を武力で占領するという行為を国際社会が許すはずがない。しかしこの閣議決定においては関東軍の撤兵についてはまったく触れられておらず、実際には現状維持のまま南京国民政府と海外列強の出方を窺《うかが》うだけの「様子見」を意味した。

関東軍は武力による満蒙領土化が難しいオペレーションであることから、この地域に日本の息がかかった新政権を樹立《じゆりつ》する方針に転換した。新政権という名の傀儡《かいらい》政権を樹立してしまえば、日本の領土拡張に警戒心を抱く欧米諸国による非難をかわすことができるうえ、不拡大方針を決定した日本政府の立場も守られる。

ところが事態は一気に混迷の色を強めることになる。この時点ですでに政府や陸軍中央は関東軍を制御することができなくなっていた。日本政府にとっては青天の霹靂《へきれき》だったに違いない。当然のことながら、国際連盟に提訴した中華民国政府や欧米から強い批判を受け、その対応に苦慮することになった。満洲事変後の混乱をうまく乗り越えることができなかった当時の若槻《わかつき》礼次郎内閣は、結果として内閣総辞職に追い込まれてしまうのである。

代わって成立したのが満蒙問題の武力解決に積極的な犬養《いぬかい》毅《つよし》内閣である。関東軍はこれを好機と見て、チチハル、ハルビンとこれまで日本の兵力が及んでいなかった北部満洲の拠点を次々と攻略していった。1932年（昭和7年）2月には東北三省（遼寧省《りようねいしよう》、吉林省、黒竜江省）の満洲ほぼ全土を占領下に置くことになった。

関東軍が抜け目のないのは、彼らがけっして武力だけに頼った乱暴な組織ではなかったという点だろう。満洲全土に進軍しつつも、新国家樹立という目標に向けて親日的な有力政治家を次々とリクルートしていた。黒竜江省長の張景恵《ちようけいけい》、後に省長を引き継ぐ馬占山《ばせんざん》、吉林省長の熙洽《きこう》、奉天省長の臧式毅《ぞうしきき》の4名がその関東軍の構想に乗る形で東北最高行政委員会を組織し、3月1日には同委員会によってついに満洲国建国宣言が出されたのである。

元号を大同とし、首都は長春に置くことが決められ名前を「新京」に改めた。満洲国のトップである国務院総理（首相）には、清朝崩壊後に北京の紫禁城で幽閉生活を送っていた溥儀《ふぎ》の忠臣だった鄭孝胥《ていこうしょ》が就任することになった。

溥儀《ふぎ》擁立で「正統の政権」をアピール

満洲国建国にまつわる最大のハイライトは、清朝の廃帝である愛新覚羅溥儀《あいしんかくらふぎ》の擁立だろう。１９０６年（明治39年）生まれの溥儀は３歳のときに清朝第12代皇帝として即位し、宣統帝を名乗っていた。ところが１９１１年（明治44年）に起きた辛亥《しんがい》革命によって清朝が滅ぼされたため北京の紫禁城に事実上軟禁されていたが、その後に日本が身柄を引き取ることになり天津にあった日本租界で暮らしていたのである。

清朝の復辟《ふくへき》（復位）を夢見る溥儀にとって、関東軍からの満洲国皇帝への誘いはさぞ魅力的なものだったことだろう。溥儀を帝位につけることにより、満洲国が日本の傀儡政権ではなく清朝の血統を継いだ正当な政権であることを内外にアピールすることができ、中国や海外列強の疑念を払拭《ふっしょく》することができる。つまり日本側にとっても溥儀にとっても悪くない取引だったといえる。

ただ、溥儀のポジションは当初、なんの権力もない執政という位置づけだった。これは関東軍が、満洲国が民本主義をとる共和制を採用していることを内外に示すためだったといわれている。満洲国が実際に溥儀を皇帝の地位につけて帝政に移行するのは２年後の１９３４年（昭和９年）のことであった。溥儀のその後については、次の章で詳しく見てみたいと思う。

もしも国際連盟の提言を受け入れていたら

私が満洲国のことを調べようと考えたきっかけは、以前にフィリピン残留日本人について取材・撮影を進めていたときに、日本が戦前から戦中にかけてどうして泥沼のような事態に陥ってしまったのかその歴史的背景を知りたいと思ったからである。戦争というものがどのような過程を経て起きるものなのか、政治や軍隊のシステムにもし欠陥があるとすればそれはどういう点なのかに私は興味があった。太平洋戦争に至った経緯を遡っていったら、満洲国の建国について触れないわけにはいかないことがわかってきたのである。

中世の時代ならいざ知らず、近代では世界中どこを探しても地理的空白部などほとんど存在しない。だから革命などにより前政権が崩壊して新たな秩序の下で異なる価値観を持つ新国家が誕生するか、植民地から独立するか、あるいは分離独立という形で元の国家と袂《たもと》を分かつというパターンでしか、新しい国家が樹立できる余地はない。

満洲国の建国というのは強いて言えば南京国民政府からの分離独立という形になるのだろうが、それが民族自決によるものではなく他国である日本が構想し実行したという点で、それが正しいとか間違っているとかは横に置いてかなり特殊でデリケートなケースだったのだと思う。

その一例として、皆さんもよくご存じであろうリットン調査団と満洲国建国について言及してみたい。事の発端は、満洲の地に関東軍が展開したまま、日本人居留民の保護を理由に撤退しなかったことに遡る。そのころ中国大陸では北京の中華民国と南京に拠点を置く国民政府が勢力圏を争い、そこに共産党や地方の軍閥が割拠して権力が統一されていない状態だったことは3章（「奉天（瀋陽）②　異国にあった『東京駅』」）で述べたとおりだ。

中華民国は日本と同様に国際連盟に加盟していたが、居座り続ける関東軍の存在に業を煮やし連盟に訴えた。そこで協議が行われた結果、日本はいったん関東軍を撤退させることに同意する。ところがすでにそのころには、日本政府に関東軍をコントロールする力は残されていなかった。関東軍は撤退するどころか、自分たちの信念を貫いて錦州やチチハルへの派兵を進めたのである。

リットン卿《きょう》を団長とする日支紛争調査委員会がそのため満洲の実地調査をすることになった。満洲国の建国宣言が出されたのは、調査団が満洲へ赴く直前のことである。おそらく関東軍としては、占領政策を分離独立にすり替えるためにその既成事実化を狙ってのことだったと想像できる。

調査団による報告書が出されたのは建国の年の10月。その内容をかいつまんで説明すると、関東軍の駐留はけっして日本人居留民の自衛のためではないこと、満洲国建国はその地に暮らす現地の人たちによる自発的なものではないことを明らかにしたもので、訴えた中華民国側の主張を大筋で認めるものだった。

しかし、同時に、満洲に日本がこれまで築き上げてきた権益や居住権などは認めるべきであり、日本が満洲の近代化に果たす役割は大きいとし、日本の特殊権益を大幅に擁護する内容でもあったのである。当時、日本はイギリス、フランス、イタリアと並ぶ4つの国際連盟常任理事国のひとつであったことから、連盟も日本の立場にかなり譲歩した末の結論だったのだろう。

つまり関東軍を本来の鉄道附属地の警備という任務にだけ限定し、満洲国などという主権を伴う国家ではなく、あくまでも日本が経済発展に寄与する形での相互補完的な国造りを担うならば、これまで同様に日本の特権的立場を認めましょうという判断である。ロシアの脅威にある程度は対峙《たいじ》することができ、また日本の経済にも大きく寄与することができる。国際連盟が提案してくれたそういう妥協点を日本はなぜ受け入れることができなかったのだろう。

歴史に「もし」は存在しないとはよく言われることだが、もし日本がこのとき国際連盟の提言を受け入れていたならば、もし日本がこれ以上の領土拡張への野心を抱かなければ、その後の日中戦争は避けることができたかもしれず、太平洋戦争へと突き進むこともなかったかもしれない。

何事も身の丈に合った立場というものが大事なのは言うまでもないことだが、日露戦争に辛勝し、相手が無抵抗なのをいいことに無傷のまま満洲の地に進出することができた日本は、大きな勘違いをしてしまったのではないか。国際連盟の調停にそのとき従っていれば、やがて何もかも失って破滅を迎えるという悲惨な結末には少なくとも至らなかったのではないか、と私は想像するのである。

そういう意味では満洲国の建国というのは日本にとっては歴史上のターニングポイントであり、また同時に大きな賭けであった。リットン調査団の報告が出る直前、日本は満洲国を正式に承認しており、もはや後戻りできない地点に追い込まれていた。そして翌１９３３年（昭和８年）、松岡洋右全権大使が国際連盟脱退を宣言し、日本が孤立への道をひた走ることになっていくのはご承知のとおりである。

新京で進められた大がかりな都市計画

さて満洲国の首都が置かれた新京だが、現在は以前の地名に戻され「長春」となっている。吉林省の省都であるが、満洲国建国当時は小さな地方都市に過ぎなかった。それが１９３３年（昭和８年）に満洲国政府によって国都建設計画が策定されて以降は、日本でも見られないような大がかりな都市計画が進められることになった。

長春の街の中心部を歩いてみればわかるが、当時建てられた建築物のうち官庁として建てられたものは、他では見ることができないような独特の外観を持っており、強烈な印象を受ける。例外なく巨大で堅牢《けんろう》さを誇っており、下から見上げたときの威圧感がすごい。どれも中国式あるいは日本式の三角屋根が建築物の上に載っていて、これは建築学的には帝冠様式あるいは興亜様式と呼ばれるそうだ。和洋中が折衷している建築物と表現すればよいだろうか。

現在の新民大街は当時、順天大街と呼ばれており、満洲国の官庁が集中していたところだが、徒歩でこれら建築物を見てまわろうと思うと相当な距離を歩かなくてはならない。なにしろひとつひとつの建物が巨大なので、街歩きというよりトレッキングといったほうがしっくりくる。私の場合は特に大型のカメラ機材を持ち歩いていたため余計である。

長春駅からまっすぐに伸びる人民大街は当時、大同大街と呼ばれていたが、その道路の西にある新民大街と合わせて2本の道路がこの街の大動脈である。道幅はそれぞれ50、60メートルもある。都市の再開発が進む現在の中国ではこのような規模の道路はさほど珍しくはないが（噂《うわさ》では、有事の際には戦闘機が発着できるように道路幅を広くしていると聞いたことがある）、今から90年も前のまだ自動車が一般的ではなかった時代にこうした大々的な都市計画を進めていたことに驚きを禁じ得ない。

街路樹がどれも立派なのは当時植林されたものだからなのだろうか。道路と隔てる緑地帯も多い。ビルや住宅などの建物の多くは当時でも上下水道が完備され、スチームを利用したセントラルヒーティング・システムのあるものも少なくなかった。長春は緯度でいうと札幌《さっぽろ》あたりに位置しており、内陸の大陸性気候と相まって冬はとても寒い。寒冷な場所においても快適に過ごせることはとても重要だったのだろう。満洲国の首都が目指したのは、世界の名だたる都市に匹敵するようなハイテクな都市であった。

首都・新京に建設された満洲国の官庁としては、国務院、軍事部、司法部、経済部、交通部、外交部、合同法《ほう》衙《が》の他、首都警察庁や満洲中央銀行など枚挙にいとまないが、驚くことにこれらの建築物の多くは外観もそのままに残存している。吉林大学の校舎や病院などとして転用され、現在も実際に使用されているのである。

ユニークなのは1934年（昭和9年）に完成した関東軍司令部の建物であろうか。正面から見るとまるでお城の天守閣が載っているような独特のデザインだが、立ち止まってじっと見ていると門の両脇に立っている歩哨（たぶん人民解放軍兵士と思われる）に大声で注意される。カメラを構えようなら飛んできそうな勢いだ。この建物は現在、吉林省共産党委員会が使用している。満洲国の時代も現代も、最高権力者がこの建物を使用しているのはたいへんおもしろい。

これは余談だが、建物の近くには文化財として保存されるむねを記した石碑が置かれているのだが、そのどれもが「偽満」と刻まれている。「偽満国務院跡旧蹟《きゆうせき》」というような表記がされているのである。これは現在の中国共産党政府が、かつてこの場所に満洲国が存在したことを「日本の侵略」であると捉え、たとえ過去に遡ったとしても断固として満洲国建国という歴史的事実を認めたくないという強い意思表示なのだろう。

それなのに中国人は現に今も日本が建築したこれら建物を外観そのままで使用しているわけで、こういうところに私は中国人の頓着のなさというか合理性というか、生きていくうえでのしたたかさを見る思いである。

5. 新京（長春）② 皇帝・溥儀《ふぎ》が信じた偽りの復辟《ふくへき》

満洲《まんしゅう》事変が起きて以降、かつて清朝第12代皇帝であった愛新覚羅溥儀《あいしんかくらふぎ》の周辺は急にあわただしくなった。清朝が滅びてしばらくは北京の紫禁城で幽閉状態に置かれていた溥儀だが、そのころには日本の保護を受けながら天津《てんしん》の日本租界内にある静園で暮らしていた。清朝が滅びたとき6歳だった少年はすでに25歳となっていた。

廃帝とはいえ、清朝という276年間続いた正統な王朝の末裔《まつえい》である。満洲の地の領土化を企《たくら》む日本にとっても、支配を確固としたものにしたい国民政府にとっても、溥儀は政治的な利用価値が高かったはずだ。日本が天津で匿《かくま》う溥儀に対して、国民政府は優待条件（つまり金銭的な援助）をたびたび申し出ていたが、溥儀の関心はただひとつ、清朝皇帝として復辟できるのかどうかにあった。

蔣介石の国民政府は共和制を採用していたので、溥儀のこの願いはかなえられるはずがない。おそらく溥儀の胸中には同じ帝政をとっている日本に近づいたほうが復辟の可能性は高いという思いがあったのではないだろうか。

「帝国ならば、行きましょう」

満蒙《まんもう》領有から新政権樹立《じゅりつ》の方針へと舵《かじ》を切った関東軍は、溥儀に新国家においてなんらかの役割を担わせようと企図し始めていた。満洲事変以降の関東軍の出兵に対して、国際社会からの批判の声が日増しに大きくなっていたからである。満洲人である溥儀を担ぎ出して表に出せば日本色を薄める効果が期待でき、そのような非難の声をかわすことができると考えていたのだろう。

関東軍の奉天特務機関長だった土肥原賢二大佐が溥儀の天津脱出を工作することになった。特務機関というのは簡単に言うとスパイ活動や謀略、宣撫《せんぶ》活動を計画・実行する組織である。土肥原は陸軍大学校を卒業と同時に北京や天津の特務機関に勤務していたため、中国語も堪能でこうした重要な任務にはうってつけだったといわれている。

溥儀が戦後の1964年（昭和39年）に著した「我的前半生」という自伝があり、邦訳も出ている（邦訳名は『わが半生』）。もちろん表現の自由が完全に保障されていない中国共産党政権下での出版物なのでその点を差し引いて読まなければならないが、土肥原が静園の溥儀を訪ねて満洲へ脱出するよう説得するくだりがあるので引用する。

〈私は気にかかっていたもう一つの重要問題について聞いてみた。

「その新国家はどのような国家になるのですか」

「さきほども申し上げましたように、独立自主の国で、宣統帝（注：溥儀のこと）がすべてを決定する国家であります」

「私が聞いたのはそのことではない。私が知りたいのは、その国家が共和制か、それとも帝政か、帝国であるかどうかということです」

「そういう問題は瀋陽《しんよう》（奉天）へ行かれれば、解決しましょう」

「いや」私はあくまで固執した。「復辟ならば、行きますが、そうでないなら私は行きません」

彼は微笑したが、言葉の調子は変えずに言った。

「もちろん帝国です。それは問題ありません」

「帝国ならば、行きましょう」私は満足の意を示した。〉

最終的に溥儀が関東軍の提案に乗ることを決めたのは、溥儀の復辟を土肥原が約束したためであることがわかる。ただ、このときのふたりのやり取りを読む限り、溥儀が本当に納得したかどうかは疑問だ。共和制か帝政かという話になったとき、「そういう問題は瀋陽へ行かれれば、解決しましょう」と土肥原は答えを濁しているからである。

しかし結果的に、土肥原は嘘《うそ》をつかなかったことになる。翌1932年（昭和7年）に満洲国が建国された際、溥儀は「執政」という肩書をもって迎え入れられたのだが、その2年後には満洲国皇帝に即位することになったからである。ただ、満洲国において皇帝はなんの権限も持っておらず、名ばかりの存在であったのだが。

お飾りに過ぎなかった「執政」の地位

話を少し戻そう。溥儀は関東軍が差し向けた二人乗りの車の後部トランクに潜み静園を脱出した。さながら楽器ケースに潜んだカルロス・ゴーンばりの脱出行である。途中の日本料理屋で軍服に着替えて変装した後、小さな汽船に乗り換えた。船内には打ち合わせ通り、紫禁城時代からの忠臣である官僚の鄭孝胥《ていこうしょ》父子がすでに待っていた。

関東州の営口に上陸したとき、出迎えたのは満洲事変という謀略を構想したといわれる関東軍の甘粕正彦《あまかすまさひこ》たちであった。アナキストの大杉栄らを殺害したことで有名な甘粕はその後、満洲へ渡り、さまざまな謀略に加担してきた人物で、満洲国の国策であるアヘン密輸ビジネスにも大きく関与していた。

溥儀をその後、湯崗子《とうこうし》温泉にしばらく滞在させた後、旅順に移動し、ヤマトホテルで「そのとき」が来るのを待った。日露戦争終結後に結ばれたロシアとの講和条約によって旅順は日本の租借地、つまり実質的な領土となっていたので、身を隠すのに都合がよかったのだろう。その後、「男装の麗人」という異名をとった川島芳子《よしこ》が溥儀の妻である婉容《えんよう》を天津から脱出させた。

川島芳子は清朝第10代皇帝である粛親王《しゅくしんのう》の皇女で、8歳のときに粛親王の顧問をしていた大陸浪人の川島浪速《なにわ》の養女となった。日本語と中国語を操れるため、関東軍のいくつかの謀略に加わったといわれている。

約3ヵ月後、「そのとき」が来た。関東軍の板垣征四郎大佐が旅順のヤマトホテルまで秘密裏に足を運び溥儀と会談を持った。しかし、そのときの会談は決裂して終わる。板垣が話して聞かせたのは新国家・満洲国の国体が五族協和の共和制を取ることであり、そこでは溥儀の復辟についても帝政についても一切言及されることがなかったからである。

溥儀の著書では、翌朝に人を通じて板垣から脅迫めいた最後通牒《つうちょう》を突き付けられ、提案を飲むしかなかったということになっているが、これを真に受けることはできない。私の想像だが、おそらく鄭孝胥父子が板垣との間に入って調停というか譲歩を行ったのではないだろうか。

最終的に溥儀は鄭孝胥の進言を受けて、1年後には帝政に移行するという条件で、関東軍との間で満洲国の

「執政」という地位に就くことを承諾する。そして初代の国務総理（首相）だが、常識的に考えれば東北最高行政委員会の委員長を務めていた張景恵が就任しそうなものだが、溥儀の側近である鄭孝胥が就任することになった。溥儀の了解を引き出した役割に対しての関東軍による論功行賞といえなくもないだろう。

「執政」という肩書だが、「満洲国組織法」によれば「執政は満洲国を統治し、立法権、行政権を行使し、陸海空軍を統率する」と記されており、これを読むかぎりほぼすべての権限を有していると解釈できる。しかし同時期に出された「満蒙問題前後処理要綱」には、表面的には立憲制をとりながら実際には日本の政治威力による独裁主義を打ち出すことが謳《うた》われている。さらに関東軍による「内面指導」によって執政の言動をコントロールできることまで記載されている。つまり執政などは単なる対外的なお飾りに過ぎなかったのである。

国家としての完成度は北朝鮮以下

建国から半年後、日本と満洲国は日満議定書を交わして相互承認を行い、正式に国交が樹立された。ところがここで問題が起こった。駐満洲国日本大使に関東軍司令官の武藤信義大将が就任することになったからである。満洲国が日本の傀儡《かいらい》政権ではないことを内外に示すためには、大使として軍司令官が就任することはまずいと外務省は主張したが、聞き入れられることはなかった。現在でも政策を巡って省庁が対立することは普通にあることだが、満洲においては関東軍の権力をだれも止めることができなくなっていた。

満洲国が日本の傀儡政権であることは疑いようもないことだが、しかし意外なことに満洲国は複数の国から承認を受け、国交を樹立している。のちに日本と三国同盟を結んだドイツとイタリアは当然だとしても、タイやフィンランド、ハンガリーなど約20ヵ国が国交を結んだのである。分離独立の「親」である南京国民政府でさえ1

940年（昭和15年）に国交を樹立している。また国交がなくてもアメリカやイギリス、ソ連などのように満洲国に領事館を置いていた国もある。

当時の世界は列強によって植民地支配されていた国が少なくなかったため、独立国はわずか60ヵ国ぐらいであった。そのうち20ヵ国が満洲国を承認していたのだが、それを意外に多いとみるか少ないと思うかは意見が分かれるところだろう。

余談だが、私たち日本人からしてみれば現在の北朝鮮は孤立した国という印象を抱きがちである。日本とは国交がないのでそれも無理からぬことだろう。だが、実際には国交を樹立している国は164ヵ国もある。そのうち38ヵ国へは北朝鮮人はビザ免除で入国することができる（注：新型コロナ蔓延《まんえん》後の状況は異なっていると思われるが）。

単純な比較はできないが、そういった数字を見比べるかぎり、満洲国は北朝鮮と比べても国家としての完成度や信頼度は低かったと思わざるを得ない。満洲国は日本の傀儡国家だった、いや国際的に承認されたれっきとした独立国家だった、とその人の立場や考え方によって提示する満洲国像はまるで異なったりするものだが、その原因はやはり国家としての完成度が低かったことに起因している。

溥儀を感動させた関東軍の壮大な演出

1934年（昭和9年）にようやく溥儀の望み通り、満洲国は帝政に移行することになった。しかし日本側にはこれを清朝復辟につなげるつもりなど毛頭なく、ましてや皇帝に権力を移譲する気などさらさらなかった。ではなぜ帝政に移行することが認められたのだろうか。

それまで満洲国は形式上「五族協和」を標榜《ひょうぼう》し、大臣クラスには満蒙人を戴《いただ》く取り決めであったから、いくら関東軍が「内面指導」という形で自分たちの考えを押し通そうと思っても一応は大臣と相談しなくてはならない。しかし帝政に移行させてしまえば、溥儀さえ籠絡すれば事は簡単である。宮廷内の狭い世界しか知らないで育ったまだ20歳代の若造を御することは赤子の腕をひねるより簡単だったに違いない。

このころ盛んに「日満一体化」ということが叫ばれるようになっていた。その「一体化」を具体的な形で民衆に示すために計画されたのが、溥儀の国賓としての日本訪問であった。１９３５年（昭和10年）のことである。

関東軍がすべてを取り仕切ったこの「おまつり」は壮大な演出に彩られていた。大連までわざわざ戦艦比叡《ひえい》を派遣し、護衛艦をつけて溥儀をはじめ満洲国の要人を横浜港まで送ったのである。日本近海では日本が誇る連合艦隊70隻が盛大に迎えたという。そしてハイライトは、汽車で東京駅に到着すると天皇自らがホームまで出迎えるというものだった。最大限の特別待遇をもって溥儀をはじめとする随行員たちを歓迎したのである。

このもてなしに溥儀が感動しないわけがない。日本を去るときに涙を流したというのもうなずける。著書『わが半生』にはそのときの気持ちがこう記されている。

〈私は日本が示した威力に深く脅威を感じたばかりでなく、それを私への真心からの尊敬、真心からの援助だとみなした。過去の多少の不愉快は、すべて自分の誤解のせいなのだ、と思った。〉

「過去の多少の不愉快は」というのは、最初は執政という名ばかりの地位に留《とど》められたこと、帝政となってからも何事にも関東軍が介入してくること、をあらわしているのだろう。しかし訪日によってそれらの疑念と不満が一挙に吹き飛んだのである。自分はやはり日本の天皇と同等なのだ、兄弟なのだ、という確信をこのとき強くした。

「お世継ぎ」が問題に

しかし、皇帝としての地位を得た溥儀が絶頂にあったのはこの頃までである。自分が日本の傀儡でしかないことを悟るのにさほど時間はかからなかった。

皇宮内には「帝室御用掛」の吉岡安直という関東軍派遣の軍人が部屋を構えて監視しており、また出入り口には日本の憲兵が警備のために立っていて、溥儀にはほとんど自由がなかった。手紙も吉岡らにより検閲されていた。それは北京の紫禁城内に幽閉されていた時代と何も変わらないような日々だったのだろう。

溥儀は弱冠16歳のときに結婚している。しかもそのとき清朝の伝統的な因習に従って、「后《きさき》」と「妃《ひ》」というふたりの夫人を迎えている。第一夫人である后には16歳の婉容《えんよう》が、第二夫人である妃には13歳の文繡《ぶんしゅう》が選ばれた。しかし溥儀には子どもができなかった。

一説には溥儀は同性愛者であったとも言われているが、そのことを本人が明らかにしていない以上、本当のことはわからない。ただ后の婉容が過度のストレスや猜疑《さいぎ》心から薬物に走り、重度のアヘン中毒患者だったのは間違いなく、正常な家庭環境ではなかった。

そのため「お世継ぎ」がたびたび問題となった。関東軍は、満洲国が清朝の血統を引く国家であることを理由に、その正統性をアピールしていた。だからこそ溥儀に利用価値を認めていたのである。子どもがないということは清朝の血統が途切れることを意味し、溥儀が崩御してしまえば満洲国の血統は保たれなくなる。

関東軍はさっそく手を打つ行動に出た。当時独身であった溥儀の実弟である溥傑《ふけつ》に目をつけるのである。日本に留学して学習院、陸軍士官学校に学んだ溥傑に嫁を取らせようと画策したのだった。つまり見合いの仲介である。この件については関東軍司令官が直々に取り仕切ったと言われている。そして白羽の矢が立てられた相手とは、満洲人ではなく、日本人であった。

華族の嵯峨《さが》公勝侯爵の孫娘である嵯峨浩《さがひろ》と見合いした溥傑は、自伝の中で「意外なことに、双方とも一目惚《ぼ》れで、私は嵯峨浩を妻にすることに同意した」と述べている。兄・溥儀と同様にいわゆる政略結婚であるのだが、溥儀と異なり家庭生活はとても円満で幸せなものだったようである。

溥傑に子どもが生まれれば、その子は清朝の血統を引き継ぐことになるうえ、日満一体化の象徴的な存在になるはずである。そのため関東軍がこの国際結婚を大々的に宣伝したのは言うまでもない。溥傑はその後、ふたりの娘をもうけた。

日本に利用され、捨てられた皇帝

さて兄・溥儀のほうであるが、家庭生活が完全に破綻していたためか著書の中でも家族のことについてはまったくといってよいほど触れていない。熱狂的に迎えられた日本訪問から帰国後は、ほとんど皇宮の外へ出ることもなくなり鬱々とした日々を送っていた。

だから著書の『わが半生』にも、国賓としての訪日から帰国して以降、1945年（昭和20年）8月にソ連が侵攻してくるまで10年近くあるにもかかわらず、この間に割いたページはほとんどなく、紹介するほどのエピソードも記載されていない。おそらく失意のどん底のなかで、関東軍に騙《だま》されたという思いで暮らしていたのだろう。

ソ連侵攻後、溥儀らは通化近郊の大栗子《だいりつし》に逃れ、そこで満洲国皇帝を退位する儀式を行った後、飛行機で日本へ亡命しようとした。しかし経由地の奉天の空港で捕らえられ、ソ連へ連行・抑留されることになる。翌年、極東軍事裁判出席のため来日したが、１９５０年（昭和25年）までソ連の収容所で抑留生活を余儀なくされた。

清朝最後の皇帝として誕生した男は、異なる国である満洲国で再び皇帝の位についたものの、時代に翻弄されたまま自分自身の生を全うすることができなかった。清朝と満洲国という二つの国家で最後の皇帝になるという稀有《けう》な人生を歩むことになったのである。

数奇な人生を送ったこの男はその後、中国共産党政府に引き渡されて撫順《ぶじゅん》の戦犯収容所などで約9年間、思想改造教育を受けた後、特赦によって釈放され、北京に戻ったのは１９５９年（昭和34年）のことである。溥儀は53歳になっていた。

6. 大連① 日本からの玄関口

満洲《まんしゅう》国にはいったいどれぐらいの数の日本人が在住していたのだろうか。実はこの問いに対する答えはなかなか難しく、正確な数値を出すことはできない。外務省の『満洲開拓史』によると、終戦時の在満邦人は155万人。満蒙《まんもう》同胞援護会の『満洲国史・上』では終戦翌年の引き揚げ時において136万人という数字が著されているので、公式の在住者数は200万人未満といったところだろう。

1940年（昭和15年）の満洲国国務院による国勢調査では、約4101万人の国民のうち、日本人はその5・2パーセントの213万人ということになっている。ややこしいのは、この数字には131万人の朝鮮人・台湾人が含まれていることだ。なぜならその時点で朝鮮半島と台湾は日本の植民地になっていたから、朝鮮人も台湾人も「日本人」にカウントされたからである。ということはその数字を引いた82万人が日本人（内地人）の実数ということになる。

しかしこの数字には軍人やその関係者は含まれておらず、また租借地である関東州における人口は入っていない。この他、満洲へは一獲千金を夢見て渡航してきた人も少なくないのだが、すべての人が成功したわけではなく、失敗して流浪の民になったり日本へ帰国した人も多かったわけで、人口は流動が激しかった。そもそも定住していない人の数はなかなか表面には出てこない。

細かい数字はわからないが、それでも少なくとも数百万人単位の日本人が実際に満洲へ渡航したことは間違いないだろう。日本が日露戦争に勝利し、ポーツマス講和条約が結ばれたのは１９０５年（明治38年）のことだが、早くもその年に大阪と大連を結ぶ定期航路が開かれている。神戸と門司《もじ》を経由する航路で、大阪商船によって運航された。この日満連絡船はその後、満洲へ渡る日本人が増えるにつれて増便され、最盛期には毎日運航された。また、鹿児島《かごしま》や長崎《ながさき》から大連へ往復する便も就航するようになる。

大連のすぐ南にある旅順がその地政学的な位置からロシアにとっても日本にとっても軍港としての機能が重視されて発展していったように、大連は良港をもつがゆえに満洲における海運を一手に担うという点で街の発展は約束されたも同然だった。

現在は人口が６００万人という大都会の大連だが、しかし当時は数万人程度の小さな街に過ぎなかった。日露戦争前にはロシアがこの地を清朝から租借しており、ロシアは不凍港である大連を足掛かりにして日本や南方への進出を目論んでいた。大連という地名はロシア語で「遠方」を意味する「ダーリニー」から来ている。日本がこの地を占領後、そのロシア名を漢字に置き換え「大連」と呼んだのはおもしろい。

ロシアはすでにこの大連をヨーロッパ風の近代都市にするべく都市計画を策定して建設に着手したばかりだった。その途上で支配者が日本に移り変わったのである。日本がそのロシアが遺《のこ》してくれた基盤をそのまま受け継ぐことができたのは、その後の街の建設を効率よく短時間でやり遂げるという意味では幸運だったといえる。

満洲国の経済の舵取《かじと》りを行った国策会社、満鉄

南満洲鉄道株式会社（満鉄）が誕生したのは翌１９０６年（明治39年）のこと。日露戦争の勝利によってロシ

アから得た権益のひとつに大連と長春を結ぶ鉄道があるが、その経営を担うというのが表向きの理由である。日本政府が資本金の半分を拠出していることから、満鉄は半官半民の国策会社であった。

現代であれば第三セクターということになるだろうが、満鉄は一般の会社とは一線を画した性格を持っていた。設立に際しての初代委員長に、当時台湾総督であった児玉源太郎・陸軍大将を任命していることからもそれは読み取れるかもしれない。初代満鉄総裁となった後藤新平は児玉の部下にあたり、台湾総督府では民生長官を務めていた。

こうした人事から見ても、日本政府は満洲を、やがて台湾と同じような形で植民地として経営していく心積もりであったといえるだろう。3章ですでに述べたように、日本は鉄道そのものだけではなく、清国に対して「鉄道附属地」の開発と運営の権利を認めさせていた。鉄道附属地に関東軍兵士が駐屯した事実を見てもわかるように、ここは清国の法律が及ばない治外法権地帯であり、実質的には飛び地の植民地だったといえるだろう。

鉄道附属地を開発するとはどういうことかというと、それはそこに日本のミニチュアを造成する作業といえるかもしれない。経済の大動脈である鉄道の沿線にいくつもの日本のミニチュアを築き上げ、それらを連結することによって最終的に満洲の地を支配していくという構想である。そしてその鉄道附属地の開発・運営を担うことになった組織が満鉄であるといえるだろう。

関東軍がその軍事力を背景に満洲の実質的な統治者として君臨したのに対して、満鉄は行政全般を担う関東都督府（のちの関東州）と肩を並べる形で経済の舵取りを行った。日本は戦後、官民財が一体となって経済発展をリードしてきたが、そのような一種の統制経済の原型を満洲に求めることができるのかもしれない。

鉄道なくして経済発展は不可能だった

現代ではトラックや飛行機に物流の主役の座を譲った感があるが、かつて鉄道は流通の王様であった。経済を飛躍的に発展させるためには、まず生産した物資を大量に運搬しなくてはならない。消費はその後についてくる。自動車というものがまだ一般的ではなかった戦前において、鉄道なくして経済発展は不可能な話であった。

それを端的に示しているのが、プロ野球のチーム名である。かつて存在した球団名を思い出してほしい。国鉄スワローズ、阪急ブレーブス、南海ホークス、近鉄バファローズ、西鉄ライオンズ……、懐かしい昭和の響きを持つこれらの球団の親会社は鉄道会社であった。高度成長期にある日本の経済の牽引《けんいん》者として、鉄道会社はまさに花形であったのだ。

プロ野球に限らずプロ・スポーツのチームを支える企業というのは、その時代を象徴するような存在。これ以上イメージアップをはかることのできる広告などめったにないだろう。現在のプロ野球球団を見るとＩＴ関連の企業が多いこともまさに時代を象徴しているといえる。

話は少しそれるが、私は「満鉄」という名前を中学生のころから知っていた。当時、私は「てっちゃん」（鉄道マニア）の駆け出しで、珍しい乗車券を集めたり、ＳＬを撮影するために遠出したりしていたのだが、何かの雑誌に掲載された「あじあ号」の写真を見た記憶がある。「あじあ号」は満鉄によって戦前に開発され、実際に運行された超特急で、最高時速は１３０キロ。しかも全車両が空調されていた。当時、日本国内でも全車両が空調されている列車は運行されていなかった。特急列車と同じスピードを出せる列車が戦前すでに日本人の手で実用化されていたという事実は少年にとっても衝撃だった。

満洲国の取材を開始して間もなく、その「あじあ号」が大連の機関庫に保存されていることを耳にした。これは絶対に撮影しなくてはいけない、歴史の貴重な生証人だということで、いろいろな人に聞き込みを行った結果、「あじあ号」はすでに大連にはなく、瀋陽《しんよう》郊外の蘇家屯《そかとん》というところに保管されていることがわかった。

ところが、訪ねた蘇家屯の鉄路博物館はしばらく休館中とのことで、今後も一般公開されるのはいつになるかわからないという。当局に何度掛け合っても見学の許可が出ない。中国ではこういうことはよくあるらしいのだが、許可を出さない理由もわからない。最終的にある方のご尽力で見学はさせてもらえることになったのだが、写真撮影はいっさい許可されなかった。

巨大な体育館のような屋根付きの建物内には数十両の蒸気機関車がずらりと並べて格納されており、いかにも中国らしいスケール感なのだが、そのなかでも「あじあ号」を牽引したパシナ型蒸気機関車の存在感は別格だった。きれいに塗装し直された滑らかな流線型のボディは惚《ほ》れ惚《ぼ》れするほど美しい。「あじあ号」は2両あって、傍らの説明文によると、1両は川崎車輌（現、川崎重工）の神戸工場で、もう1両は大連の工場で組み立てられたとある。

パシナ型蒸気機関車は1934年（昭和9年）に製造が開始され、1943年（昭和18年）に製造中止されるまで計12両つくられたことがわかっている。戦後、中国当局によって何度か運行が復活され、1981年（昭和56年）前後まで実際に走行していたらしい。

さて満鉄の話に戻そう。満鉄は「あじあ号」に代表される鉄道の運営に関わっていたが、事業の内容はそれだけではなかった。関東州や鉄道附属地における都市計画すべてに関わっていたといってもよいだろう。港湾や上下水道、電力、ガスといったインフラの整備はもちろんのこと、病院、学校、図書館、ホテル、住宅建設といった人々の暮らしに直結する事業、炭鉱の採掘や製鉄所など重工業の経営、農作物の輸出など多岐にわたっていた。

関連企業も多く、一大コンツェルンを形成していたといえるだろう。

さらには鉄道附属地における公費という名の徴税業務まで行うなど、行政そのものの業務も含まれていた。ただ、本業の鉄道経営とは異なり、鉄道附属地の経営はずっと大幅な赤字続きであった。それにもかかわらず１９３７年（昭和12年）に鉄道附属地が廃止されるまで経営が続けられたのは、それが国策だったからであり、日本にとって満洲を運営していくうえで必要不可欠な事業であったからに他ならない。

読者のみなさんの周囲にも、満洲生まれだったり、親が満洲帰りだったりとなんらかの形で満洲と関わりのある人は少なくないと思うが、「父親が満鉄だったんだよね」というような話を私もよく耳にした。最初のうちは、鉄道会社がどうしてそんなにたくさんの労働者を雇っていたのだろうと不思議に思っていたのだが、満鉄のことを調べていくうちに、純粋な鉄道部門の仕事は一部分であることを知り、なるほどと合点した次第である。

終戦直前には、満鉄社員の総数は約40万人にもおよんだ。この数字にはもちろん日本人以外も含まれているが、日本から家族で赴任した人や関連業者の人たちを含めると、実際に満鉄になんらかの形で関わっていた日本人の総数はかなりの数にのぼるだろう。社員のなかには日本から官僚が出向という形で赴任するケースも少なくなかった。

単純に比較するのは難しいが、名実ともに日本最大の会社であるトヨタ自動車は子会社を含めた連結従業員数が約36万人強といわれている。しかし満鉄社員数はそれよりも多かったわけで、満洲における満鉄の存在がいかに大きなものだったか容易に想像することができるだろう。

どことなく日本の街に似ている大連

本社が大連に置かれたこともあり、満鉄に関係する建築物は枚挙にいとまがない。このうち最も重要だったのは大連港関連の施設だろう。日本からのフェリーが発着するターミナルという位置づけだけではなく、物流の拠点として大連港はまさに満洲の発展のカギを握っていたからである。そして事実、満洲国が建国された1932年（昭和7年）には、満洲国の貿易総額のうち実に75パーセントを大連港が担っていた。

その大連の位置づけは、戦後77年たった現在でもさほど変わっていないと思われる。中国東北部の遼寧省、吉林省、黒竜江省の3省において、日本と最も緊密な経済関係を結んでいる都市は大連であるからだ。大連には現在約1500社の日本企業が進出し、在留邦人は6000人を数える。また大連港の輸出入において最大の取引先は日本である。（注：この数字は2018年のものであり、新型コロナ感染症が広がって以降は縮小しているものと思われる。）

実際に街を歩いてみると感じることだが、大連はどことなく日本の街に似ている。どういう点が似ているのかうまく言葉で表すことができないのがもどかしいのだが、おそらくその感覚は大連が日本からの玄関口であり続けたことと無縁ではない気がする。

7. 大連② 大連は果たして夢の都だったのだろうか

〈かつての日本の植民地の中でおそらく最も美しい都会であったにちがいない大連を、もう一度見たいかと尋ねられたら、彼は長い間ためらった後で、首を静かに横に振るだろう。見たくないのではない。見ることが不安なのである。〉

という書き出しではじまる『アカシヤの大連』は、満洲・大連生まれの詩人で作家の清岡卓行《きよおかたかゆき》の私小説だ。彼はこの初めての小説で１９６９年（昭和44年）下半期の芥川賞《あくたがわしょう》を受賞している。

１９２２年（大正11年）に日本の租借地である大連で生まれた清岡は大連一中を卒業すると単身日本へ渡り、東京帝国大学仏文科に進む。しかし戦争が激しさを増した１９４５年（昭和20年）春の東京大空襲の直後、実家のある大連へ戻った。

〈大連の五月は、彼にとって五年ぶりのものであったが、こんなに素晴らしいものであったのかと、幼年時代や少年時代には意識しなかったその美しさに、彼はほとんど驚いていた。〉

10万人が死亡し、100万人が罹災《りさい》したといわれる3月10日の東京大空襲。食料はとっくの昔に配給制となっており、清岡に限らず都会に暮らす人たちはみな飢えていた。しかし大連へ戻ってくると、拍子抜けするほどそこには戦争の影などなく、喉から手が出るほど欲した米や肉や卵など食べるものはなんでも手に入った。酒も煙草《たばこ》も入手に困らない別天地だった。彼は毎日、昼ごろに起き、アカシヤの花の甘く芳《かぐわ》しい香りを嗅ぎながら散歩し、6畳の自室にこもってレコードを聴いたり読書をしたりしてゆったりと過ごした。

宙ぶらりんの存在だった大連

ただ、自分が何者であるのかという問いはずっと心の内に澱《おり》のように溜《た》まっていた。戦後、清岡が文学の道へと進んだのは、おそらくその問いから彼自身が逃れられなかったからではないだろうか。それは、植民地が自分の故郷であるということへの葛藤である。

〈彼は、自分が日本の植民地である大連の一角にふるさとを感じているということに、なぜか引け目を覚えていた。……自分が大連の町に切なく感じているものは、主観的にはどんなに〔真実のふるさと〕であるとしても、客観的には〔にせのふるさと〕ということになるのかもしれないと思った。〉

大連は日本の租借地であった。日露戦争後の1905年(明治38年)にロシアの権益を引き継ぐ形で清国から租借地として譲り受けることになったのである。大連を含む地域は、関東都督府、関東州、関東局(関東庁)と名称を変えながらも、その後、実質的な日本の植民地として発展していくことになる。

1932年（昭和7年）に満洲国が建国されると、そのときにはすでに清朝が滅亡していたこともあり、租借先は清国から満洲国へと改定された。つまりこの時期になると、大連のある関東州は日本が租借していたけれども、法的には本来は満洲国に属していたことになる。

その満洲国において全権を握ったのは関東軍司令官であるが、関東軍司令官は関東州（庁）長官をも兼務することになっていた。こうして関東州はいつのまにか満洲国の一部のような扱いに変更されてしまったのである。日満一体化という流れの中で、関東州最大の都市である大連はまさに日本と満洲国をつなぐ媒体のような位置づけだった。

日本でもなければ、満洲国でもない。朝鮮や台湾のように日本の植民地でもない。そうした宙ぶらりんの存在が、関東州であり、大連であったといえる。清岡の抱える葛藤は、大連生まれである自分の故郷はいったい日本なのか満洲なのか定義できない根無し草のようなあやふやさに端を発していたと推測されるのである。

実際のところ、満洲国には国籍を規定する法律がなかった。五族協和が掲げられ、満洲人、漢人、蒙古《もうこ》人、朝鮮人、そして日本人が混じり合いながらも、彼らは「満洲国人」ではなかった。5章の「新京（長春）②　皇帝・溥儀《ふぎ》が信じた偽りの復辟《ふくへき》」でもすでに触れたことだが、満洲国が国家としての完成度は低かったと私が論じたのは、この国籍の問題もおおいに関係している。

なぜ満洲国では国籍法がつくられなかったのだろうか。それは日本の国籍法が関係している。日本は二重国籍を認めていないから、そうするともし満洲国の国籍を選べばその人は日本国籍を失ってしまう。国際的に信用度の低い満洲国人にわざわざ国籍を変更する日本人はまずいないだろう。

満洲国には日本の省庁からたくさんの官僚が派遣されていたが、そうすると国籍という点で問題が表面化してしまう。満洲国が日本の傀儡《かいらい》国家であるがゆえに、国籍法を制定してしまうと大きな矛盾が生まれてしまうのである。

「五族協和」「王道楽土」が満洲国をあらわすキャッチフレーズであり、日本人の多くはその言葉を信じ、疲弊する自分たちの暮らしをなんとか打破し、輝く未来への行程の先に満洲という存在を夢見たはずだ。日本政府も1936年（昭和11年）に「満洲開拓移民推進計画」を閣議決定して、20年間で500万人の日本人を移民させる計画を立てた。

私は思うのだが、「よし、満洲で一旗あげるぞ！」と意気込んで満洲へ渡った人たちのうちいったいどれぐらいの人たちが世界の中での満洲の位置づけを正確に把握していたのだろうか。彼らにとって満洲という地は果たして外国であったのか、それとも日本であったのか。

「大連は夢の都」と公言した井上ひさし

清岡の父親は満鉄の技師であった。彼が東京から大連の実家に戻ってきたとき、父親はすでに満鉄を退職しており、庭で植木いじりをしたり近所の人と碁や将棋をしたりと余生を楽しんでいた。自らが志望して満鉄に入ったのか、どこからか派遣されたのかはわからないが、父親は戦争の激しさが増すばかりの日本へ戻るつもりはなかったらしい。母親は召集されて戦地に赴いた清岡のふたりの兄のために毎日神棚に祈り、戦争を心から憎悪していたという。

もちろん百人いれば百通りの人生があるように、一概には決めつけることはできないが、清岡の家庭は大連という街の中でごく平均的な日本人ではなかったかと思う。

多くの日本人にとって大連という街は、都市計画に基づいた美しく頑強な洋風建築が建ち並び、水洗トイレや電話の自動交換機などまだ日本国内で整備されていないインフラがふつうにあるという先進都市であった。大連港は自由貿易港であるため外国製品が安価に購入できる。満洲を貫く鉄道、とりわけ超特急あじあ号の起点であり、ヨーロッパとも往来が可能だ。野心家たちにとってはまさに夢のような都であったことだろう。もし私がこの時代に生きていたならば、やはり同じように夢と希望を求めて大陸へ渡ったような気がする。

小説家で劇作家の井上ひさしは大連生まれでもなければ、戦前の大連に滞在したこともないが、「大連は夢の都」と公言し、終戦前後の大連を舞台にした戯曲を何本も書いた。その代表的なものに、『連鎖街の人々』と『円生と志ん生』がある。これらの戯曲を書くために、井上は戦前の大連の写真や絵葉書を大量に蒐集《しゅうしゅう》して、『井上ひさしの大連』という本までまとめている。

いったい大連の何が井上をそこまで駆り立てたのだろうか。単にノスタルジーを感じたためなのだろうか。『連鎖街の人々』ではソ連侵攻後の大連に暮らす人々の日常を描いていることから、おそらく短期間に日本人の手によって建設された「夢の先進都市」が戦争という歴史の大波に飲み込まれるように崩壊していくその「物語性」に強く惹《ひ》かれたのではないかと私は推察している。滅びの美学というやつだろうか。

『円生と志ん生』の円生とは六代目三遊亭圓生《えんしょう》のことであり、志ん生とは五代目古今亭志ん生のことである。ふたりとも実在の落語家だ。ふたりは満洲演芸協会の仕事で満洲へ赴いたものの、途中で終戦を迎えることになり日本へ帰国できなくなってしまった。当地で演芸会などを催しながら食いつなぎ、結局満洲では2年間を過ごすことになったのである。

連鎖街というのは大連駅のすぐ近くにつくられた今でいうショッピングセンターで、連鎖商店街ともいい、約200店舗が軒を連ねた。1930年（昭和5年）にオープンし、道路に面して全面ガラス張りのショーウィンドウや、雨の日でも買い物ができるように天井に明かり取りがついたアーケードがあった。

当時は銀座や心斎橋などでもそのような店はまだ少なく、まさに国際都市・先進都市・大連の名に恥じないものであった。設計は中村與資平《よしへい》の弟子である宗像主一である。中村與資平は明治から昭和にかけて活躍した日本を代表する建築家のひとりで、朝鮮や満洲においても銀行や公共機関など多数の建築を手がけた。

都市対抗野球を席巻《せっけん》した大連チーム

戦前の大連ではスポーツも盛んで、そのなかでも市民が最も熱狂したのは野球である。大連には、満鉄社員を中心にした「大連満洲倶楽部《くらぶ》」と、その他の会社に所属している「大連実業団」という社会人野球の二強があり、両チームの対戦は「満洲の早慶戦」とも呼ばれた。

現在の都市対抗野球大会が始まったのは戦前の1927年（昭和2年）のことだが、その記念すべき第1回大会では大連満洲倶楽部が優勝した。そして第2回大会は大連実業団が、第3回大会は再び大連満洲倶楽部が優勝したのである。両チームとも終戦によって消滅したが、それまで優勝3回、準優勝3回は満洲のチームによって成し遂げられたのである。

大連満洲倶楽部は満鉄社員で構成されていた関係で、東京六大学などから有望な選手を獲得しやすかった。というのは、当時の満鉄といえば高給取りの代名詞だったからである。単に月給が高いだけでなく、遠隔地手当が充実し、住宅も提供されるなど、日本の企業としては破格の待遇であった。国策企業ではあるのだが、鉄道以外の多方面に事業を展開しており、文化活動やスポーツの振興にも力を入れていた。

その後、１９３６年（昭和11年）に現在のプロ野球の前身となる日本職業野球連盟が発足してからは優秀な選手はプロに流れるようになり、また戦況が悪化するにつれ満鉄社員も召集されるようになったために、大連満洲倶楽部もよい成績を残すことができなくなっていく。

余談だが、作家の清岡卓行は大の野球ファンであった。特に田部武雄という俊足の選手がお気に入りだった。そのため清岡は父の会社である満鉄を応援するのではなく、田部が所属していた大連実業団を応援していた。田部はその後、草創期の巨人軍に入団し、背番号1と3をつけた。永久欠番になっている長嶋茂雄の背番号3を最初につけた選手が田部である。

多くの日本人が憧れた国際都市にして先進都市の大連。終戦時には約60万人の人口のうち20万人を日本人が占めたといわれている。しかし、その栄華が永久に続くことはなかった。

〈戦争中におけるこれらの安楽について、その代償を支払うかのように、大連にいた日本人たちは、やがて敗戦後の引揚について、財産や職業のほとんどすべてを無残にも失わなければならなくなるのである。〉

清岡は小説の中でそう記している。井上ひさしが表現した「夢の都の大連」という言葉の真意は、もしかしたら「はかない夢・大連」という意味だったのかもしれない。

清朝最後の皇帝・愛新覚羅溥儀が再び帝位に返り咲くためには、強大な軍事力を持つ関東軍の協力を抜きにしては考えられなかった。彼はあくまでも「皇帝」としての地位にこだわったがゆえ、関東軍を通じて日本と接近し、その夢を果たすことはできたが、それは彼が夢想した皇帝の実際とはかけ離れたものだった。しかし1935年（昭和10年）の国賓としての訪日は、溥儀の人生においておそらく最も有頂天な日々だったはずだ。このとき天皇は自ら東京駅のホームまで足を運んで溥儀を出迎えている。過去にも現在にも天皇は来賓をそのような形で迎えたことはない（写真は1940年の２回目の来日の際のもの）。

仮皇宮の興運門の上には満洲国の国章が刻まれている。国章はそのまま皇帝旗としても使用された。キク科のフジバカマを図案化したもので、蘭《らん》花紋と呼ばれる。フジバカマは日本では秋の七草のひとつであり、万葉の時代から親しまれてきた。かつては中国原産と考えられてきたが、最近では日本原産という説が有力である。

現在の長春の街の東側にかつての満洲国「仮」皇宮が保存されており、偽満皇宮博物院として一般公開されている。「仮」というのは街の中心部に新皇宮が建設中だったからだ。仮皇宮には謹民楼、緝熙楼《しゅうきろう》、同徳殿などの建物があり、写真の謹民楼は官吏や外国使節たちとの謁見に使われた。玉座の他、常駐の「帝室御用係」吉岡安直の部屋もここにある。

同徳殿内部の壮麗なホールは、溥儀の生涯を題材にした映画「ラストエンペラー」の撮影にも使用された。日本人による設計で1938年（昭和13年）に竣工され、溥儀と最後の妃である李玉琴《りぎょくきん》が使用する予定だったが、このころには溥儀は関東軍や日本に対して大いなる疑念を抱いており、ここに盗聴器が仕掛けられていることを疑い、一度も使用することはなかったとされる。

謹民楼の中には、1932年（昭和７年）に武藤信義大将と鄭孝胥初代国務総理大臣が日満議定書を結んだ際に使用した机がそのまま保存されている。満洲国の自立性を損なうような内容の議定書を結ぶことに抵抗があった鄭孝胥は、議定書にサインした後に辞任を申し出たが認められなかったという。議定書の内容は、日本軍の満洲への駐留を認め、日本人官吏を登用することなど、日本の権益を守る内容であり、五族協和や王道楽土などの標語は単なる飾り程度のものであった。

溥儀は２度訪日しているが、２度目は「皇紀二千六百年記念式典」に参加するために1940年（昭和15年）に来日した。このときは式典への参加の他に、もうひとつ重要な目的があった。満洲国からの要請で、建国神廟《びょう》の建立のために、天皇からご神体である「鏡」を拝受することになっていたからだ。廟の御祭神《ごさいじん》は日本と同じ天照大神である。つまり日満一体化を名実ともにするために、同じ神様を祀《まつ》り、民衆も一心同体となることを求めたのである。神廟跡は礎石部分のみが残されている。鳥居は壁に塗りこめられていたが最近になって修復され、形が蘇った。

新皇宮は街の中心部に建設予定で1938年（昭和13年）に工事も始まっていたが、1943年（昭和18年）に長引く戦争の影響のため資材不足が原因で建設が中断された。高さ31メートル、横幅220メートルの２階建て建築を予定していた。その後、1950年代に中華人民共和国政府によって４階建ての形で完成。現在は通称「地質宮」と呼ばれ、吉林大学地質宮博物館として一般公開されている。正門前の広大な広場は「文化広場」で、予定では「順天広場」と名付けられることになっていた。

緝《しゅう》熙《き》楼《ろう》は溥儀と婉容が住居として一緒に暮らした建物。内部には家具などが再現され、書斎や寝室、仏堂などの部屋を見学することができる。婉容が一日中こもっていたというアヘン吸引室などもある。

溥儀の満洲への凱旋《がいせん》は関東軍の手によって周到に準備され実行された。天津の日本租界を脱出した後、旅順でしばらくその時期を待つことになった。その際に最初に宿泊したのが旅順ヤマトホテル。関東軍の監視の下、２階部分を占有して滞在していたと言われている。旅順ヤマトホテルは戦後、大幅に増築・改装されたため、当時の面影はほとんど残っていない。旅社や招待所などホテルとして使われていたが、私が初めて訪れた2016年にはすでに閉鎖されていた。

婉容は清朝の支配階級の出身で17歳のときに溥儀の正妻となったが、実際には不仲で夫婦関係はほとんどなかった。溥儀も自伝「わが半生」において婉容については「彼女について知っているのは吸毒の習慣に染まったこと、許し得ない行為があったことぐらいである」としか言及していない。吸毒とはアヘン中毒のことであり、許し得ない行為とは女児出産という不義のことである。満洲国が崩壊する頃には彼女は精神を完全に病んでおり、溥儀も放任していた。

瀋陽からバスで１時間ほどの距離にある撫順は世界屈指の石炭鉱であり、満洲国時代は重要なエネルギー供給源となったところだが、街の郊外に撫順戦犯管理所がある。もともとは関東軍が抗日中国人を拘禁した監獄だが、戦後に中華人民共和国が成立した以降は1950年（昭和25年）から満洲国の日本人戦犯や国民党の戦犯など1300人あまりがここに収監されて、思想改造教育が行われた。溥儀も抑留されていたソ連から解放された後、やはりここで収監された。現在は内部も開放されて博物館として利用されている。

撫順戦犯管理所では溥儀は「981号」と番号で呼ばれた。1950年（昭和25年）にソ連のハバロフスクから中国の綏芬《すいふん》河《が》へ陸路で移送されるとき、彼は死を覚悟していた。著書には「中国共産党は蔣介石を倒して、どんな〝正統〟も認めていないから、当然私に対してもしたい放題で、少しも遠慮はしないだろう」とそのときの気持ちを記している。1959年（昭和34年）に特赦を受け、北京植物園で庭師として勤務後、周恩来の計らいで満洲族の代表として政協全国委員を務めた。波乱万丈の人生であった。

6. 大連①

満洲一の格式を誇ったという大連ヤマトホテルは1914年（大正３年）に竣工された。日本人が満洲に建てた代表的な建築物のひとつである。このホテルが建つ中山広場はかつて大連大広場と呼ばれた街の中心地で、大連市役所、朝鮮銀行、大連警察署、東洋拓殖などのビルが並んでおり、これらはいまも残存している。ヤマトホテルは現在、大連賓館として営業しており宿泊も可能だ。満洲の残り香を嗅ぎたい人はぜひ泊まってみたらよいだろう。

大連港の旅客ターミナル正面に建つ大きな建物は1926年（昭和元年）に竣工された大連埠《ふ》頭《とう》事務所ビル。当時はこの建築物が大連一の高さを誇っており、その屋上から見渡す光景が大連の典型的な眺めということになっていた。日本から満洲へ夢と希望を抱いてフェリーでやってきた人は、ターミナルを出て最初に目にした光景がこのビルであっただろう。現在は大連港務局が入っている。

日本からのフェリーが発着した第２埠頭旅客ターミナルは出入り口が半円状の特徴的なデザインであったが、現在は改築されて当時の名残を見ることはできない。また、一度に5000人も収容できたといわれている２階待合室のある空間には現在商業施設が入っている。しかし天井を見上げてみると、太陽光を取り入れる明かり取りが昔のままの状態で今も使用されているのがわかる。

満鉄は1906年（明治39年）に創立されたときは本社を東京に置いていたが、翌年になって大連へ移した。そのときに社屋として使ったのがこの建物で、もともとはロシアが東清鉄道ダーリニー事務所を置いていた。1908年（明治41年）に満鉄が本社を移転した後は、一時期ヤマトホテルとしても使われていた。この建物周辺はロシアが最初に開発したためその時代の古い建築物が多数残っており、現在でも「ロシア人街」として市民に親しまれている。

1908年（明治41年）に大連のこの場所に置かれた満鉄本社は現在、瀋陽鉄路局大連分局として使用されている。もともとは日露戦争前にロシアが建てて商業学校として使われていた建物。大連満鉄旧蹟《きゅうせき》陳列館として公開された時期もあったが、私が訪れた2017年は事前予約にかぎって内部の見学はできた。

満鉄は関東州のみならず満洲における鉄道附属地において都市計画を担った。上下水道の敷設も当然業務の一部であった。私は当時発行された古地図を頼りに満洲各地を歩いて建築物を探したが、ときおり当時の古いマンホールを見つけることもあった。満鉄の社章は頭文字の「M」とレールの断面を表す「I」を組み合わせたもの。マンホールの写真を興奮しながら撮っていると、往来する人々に何事かという顔をされることしばしばであった。

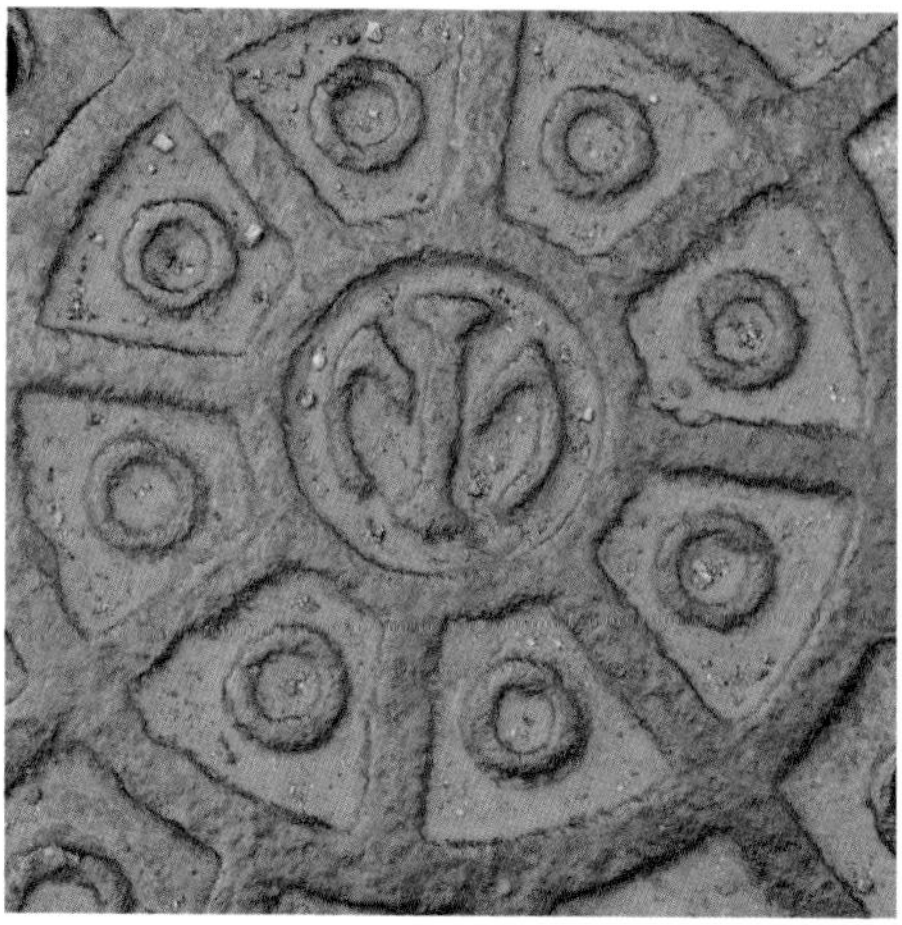

1937年（昭和12年）に満鉄の太田宗太郎によって設計された大連駅は、日本の租借地である関東州から満洲国へ渡るゲートウェイだった。上野駅を模して建築された駅舎は１階と２階が乗車と降車で隔てられており、まるで空港ターミナルのような斬新なデザインであった。ちなみに現在の上野駅は２代目で、1932年（昭和７年）に酒見佐市らの設計で完成している。

1919年（大正８年）に建造された世帯用の満鉄社宅である「関東館」。４階建てで「コの字」型の建築は当時さぞかしモダンだったと思われる。満鉄に優秀な社員が集まったのは、ひとつにその待遇が破格によかったためであるとも言われている。給与には特別手当が増額され、異国の地ゆえに住宅も提供された。当然のことながら幹部には一戸建てが提供されたが、たとえアパートであっても全館暖房システムが導入されるなど、当時の内地の状況に比べると格段に生活しやすかった。

満鉄調査部ビル。満鉄創立と共に設置された調査部は当初は純粋に満洲の地理などの調査を行っていたが、やがて政策立案そのものに大きく関わるようになり、次第にシンクタンクとしての機能を強めていった。特に満洲国が成立した以降は、官僚主導の国家統制を基盤にした社会構築を主導し、これは戦後の日本の国家モデルの原型になったといわれている。しかし満洲国末期にはその先進的な思想ゆえに関東軍の支配方法と対立するようになり、２度にわたって憲兵隊により検挙され次第に力を弱めていった。

1912年（大正元年）に開校した南満洲工業学校の校舎が完成したのは翌々年のこと。設計は満鉄建築係の横井謙介が行った。その後1922年（大正11年）には南満洲工業専門学校に改組された。満鉄が事業を拡大するにつれて専門的知識を持つ人材が必要になったため、満鉄は自前で技術者を養成する必要があったのである。他に南満医学堂では医師を、満洲教育専門学校では教員の養成を行った。

満鉄が設立した大連図書館は一般人が利用することもできたが、基本的には満鉄が情報収集のために利用する目的でつくられた。現在のようにインターネットがない時代、重要な資料や情報は図書館が所蔵していたためである。このため満鉄は各地に図書館を開設し、館員を外国に留学させるなどした。それだけ「情報」というものを重視したのである。図書館はその後、満鉄調査部の一組織に組み込まれていくことになった。

横浜正金銀行大連支行は現在、中国銀行の支店になっている。大連市役所や大連民政署などの官公庁と並んで大連大広場（現在の中山広場）の周囲を取り巻くように建設された。

1920年（大正９年）に竣工された大連市役所。大連ヤマトホテルの隣に建つ。中央の塔は祇園祭に登場する山車をイメージしていると言われる。

朝鮮銀行大連支行は現在、中国工商銀行の支店になっている。横浜正金銀行が外国為替を主に扱ったのに対して、朝鮮銀行は満洲において当初は中央銀行として機能していた。

7. 大連②

1905年（明治38年）のポーツマス条約で大連をはじめとする遼東半島は日本の租借地となった。それに伴い日本人の手によって大連の街の開発が進められた。中心部に大広場（現在の中山広場）を配し、その周囲にヤマトホテル、横浜正金銀行、朝鮮銀行、民政署、関東逓信局、東洋拓殖、大連市役所などが配置され建設された。

1930年（昭和５年）に開業した連鎖商店街は当時としては最もモダンなショッピング・センターであった。３階建ての瀟洒《しょうしゃ》な建物が16棟、連結されるように商店街を構成している。１階が商店や店舗で、２階と３階が住居として使われた。劇場や喫茶店、レストラン、公衆浴場など200店舗が連なっていた。圓生と志ん生が興行した映画館と劇場を兼ねた常盤座もこのなかにある。私はその建物の内部を見学させてもらったことがあるが、「昭和」を想起させる美しいタイルが細かく貼られた大きな柱が残っていた。連鎖街の多くは現在、奇跡的にほとんどの建物が残存しており実際に商店として使われているが、老朽化が進んでいるため近い将来に取り壊されるという噂《うわさ》である。

1937年（昭和12年）に竣工した三越百貨店大連支店は大連駅からも近い連鎖街とは道路を挟んだ向かい側の旧常磐町にある。三越はよく知られているように日本の百貨店の元祖。５階建てで４階はレストランになっていた。戦後はソ連軍に接収された後に大連市に返還され、ロシア系の百貨店である秋林《チューリン》女店として使われたが、2016年にZARAという店舗に変わった。

大連南郊の老虎灘《ラオフータン》は断崖が続く海岸の景勝地である。海を見下ろすその高台の一角に、名古屋城を彷彿《ほうふつ》とさせる木造の日本建築がある。屋根には「しゃちほこ」が載っている。当時、一方亭と呼ばれた高級料亭で、満洲国建国の1932年（昭和7年）に建てられた。村上もとか作の『龍 RON』は戦前を舞台にした人気漫画だが、主人公の龍の叔母・小鈴が経営する料亭で甘粕正彦らが密談するシーンがあり、一方亭をイメージしたものと考えられている。

真宗大谷派（東本願寺系）は他の仏教教団と同じく1904年（明治37年）の日露戦争において初めて満洲へ従軍布教使を送った。1910年（明治43年）には僧侶の新田神量を大連に派遣し、別院創立事務所を開設させた。この東本願寺大連別院は1930年（昭和５年）ごろに竣工したと思われる。満洲に進出した仏教教団の多くは満洲国が建国されて以降、積極的に国策に協力する姿勢を取った。３階建てのこの建物は現在、大連京劇院として使用されている。

大連中学校は1918年（大正７年）に関東州で２番目の中学校として開校した。その後、大連第一中学校となる。芥川賞作家の清岡卓行は同校の出身。他に芸術関係の卒業生として、五味川純平や山田洋次らがいる。大連中学校が建てられた旧・伏見台一帯は文教地区として教育機関が集中していたところで、他に大連羽衣高等女学校、南満洲工業専門学校、伏見台尋常小学校などがあり、それらの建物の多くは現在も残存している。

大連の南側には満鉄が開発した大規模な海水浴場やゴルフ場などのリゾート地が広がり、「星ヶ浦」と呼ばれた（現在は星海公園）。そこから黒石礁にかけては避暑地として開発されたところで、甘粕正彦邸や満鉄総裁別邸など政財界や軍の幹部のための高級住宅や別荘が建てられた。

1912年（大正元年）に建立された聖徳太子堂は現在の中山公園内にある。日本には、大工や左官、建具屋、畳屋、石工などの職人が聖徳太子を祀《まつ》る「太子講」というものがあり、江戸時代には特に盛んに行われた。仏教を保護した聖徳太子は法隆寺などの寺院を建立する際に職人を大事にしたといわれており、その故事にちなむ行事として現代にも継承されているのである。関東州が日本の租借地になって以降、建設ブームに沸く中心都市の大連にはたくさんの職工たちが押し寄せ、太子講という組織もそれに伴って持ち込まれることになった。

かつて大連の逢坂町《おうさかちょう》と呼ばれていた場所に遊郭があった。戦前の1930年（昭和５年）に発行された『全国遊郭案内』によると、「大連市逢坂町遊廓《ゆうかく》、明治四十年に料理店の名目で始まる。店は七十軒もあり芸娼妓《しょうぎ》九百人の内二枚鑑札が四百人、娼妓は五百人、娼妓内朝鮮人は百五十人で日本人娼妓は九州、四国の女が多い。」と記されている。満洲へ渡る日本人は男性のほうが圧倒的に多かったため遊郭などの花街も当時は当然必要とされたのだろう。現在も狭い通り沿いに当時の建物が残っており、集合住宅として使用されている。

三越の大連進出は早く、社史によると1910年（明治43年）にはすでに三越呉服店が大連出張所を構えている。現在のような３階建ての建物が完成したのは1927年（昭和２年）になってから。設計者は中村與資平と弟子の宗像主一。施工は清水組。三越呉服店はその後、1937年（昭和12年）に大連駅近くの連鎖商店街の前に三越百貨店大連支店ができた際に、そこに統合された。現在は、大連銀行中山支行として使われている。

1936年（昭和11年）に竣工した大連放送局（JQAK）の社屋は美しい曲線に彩られたアールデコ調の建築であった。放送局自体は1925年（大正14年）に開設されたが、満洲電電が設立されてからは飛躍的に視聴者も増えていった。現在もここには大連広《こう》播《は》電視中心という放送局が置かれているが、本社ビルは新しく建設された高層ビルのほうに移っている。

大連在住の日本人の氏神として、南山の北麓《ほくろく》に1907年（明治40年）大連神社が創建された。祭神は天照皇大神《あまてらすおおみかみ》や大国主命《おおくにぬしのみこと》などである。後に日清日露戦争時の戦没者も合祀《ごうし》したため、「外地の靖国《やすくに》神社」としても機能した。終戦時にはここにもソ連兵が侵攻してきたが、神職らが機転を利かせて雅楽などを披露するとソ連軍の間で評判となり破壊は免れたという。1947年（昭和22年）に水野久直宮司が御神体と宝剣を隠し持って日本へ帰国、福岡市の筥《はこ》崎宮《ざきぐう》に仮安置された後、水野宮司が赴任した山口県下関市の赤間神宮境内《あかまじんぐうけいだい》に御神体を運び、境内社として大連神社を祀《まつ》ることになった。大連にあった本殿は取り壊され、現在は跡地に解放小学校が建っている。

8. ハルビン①

ハルビンの南郊、平房《へいほう》に残る満洲第七三一部隊の跡地で、ひときわ目を引くのがこのボイラー室。本館や住居などへスチーム暖房を提供する他、実験室では24時間態勢で細菌培養を行っていたため、ボイラー室も巨大であった。最盛期には3500名の人員を抱えていた七三一部隊がいかに巨大な施設であったのかを物語っている。ソ連が侵攻してきた報に接し、証拠隠滅を計るため施設は爆破されたが、このボイラー室は完全に崩壊することなく残った。

七三一部隊の本部棟。屋根や外壁は爆破されて吹き飛んでいたが、戦後に復旧された。現在は「侵華日軍第七三一部隊罪証陳列館」としてこの本部棟も含めて一般公開されている。本部には総務部が置かれ、この他の建物には第１部（細菌研究）、第２部（実戦研究）、第３部（濾水器製造）、第４部（細菌製造）、教育部（隊員教育）、資材部（実験用資材）、診療部（附属病院）が置かれていたことがわかっている。

本部棟の２階に隊長室があった。七三一部隊の隊長として、1942年８月から1945年３月までは北野政次が務めた他は、設立者でもある石井四郎が務めた。このため「石井部隊」あるいは石井の出身地の名前を取って「加茂部隊」と呼ばれていた。石井は部隊を創設するにあたって、「医学研究において内地ではできないことがある」と語っていたが、その「内地ではできないこと」が細菌兵器の開発であり、実証するための生体実験であった。

本部棟の裏側に実験棟などがあり、生体実験に使われた「マルタ」もここに収容されていた。マルタが収容されていたのは第４部の実験棟であり、その棟をぐるりと取り囲む形で「ロ」の字型に研究室が配置されていたことから「ロ号棟」と呼ばれた。ソ連侵攻時に軍はこの建物を重点的に爆破・破壊して逃走したため、建物は残っていないが、基礎部分が残っており、中国政府は七三一部隊の全容を明らかにするため現在も発掘作業が続けられている。

七三一部隊の施設が完成した直後に空撮された写真。手前にあるのがボイラー室で、煙突が３本立っているのが見える。それと比較しても中央にある「ロ号棟」の巨大さが際立っているのがわかるだろう。100棟近くの建物が東京ドーム９個分の敷地内に建てられていた。これらの建築物はわずかの期間で完成しており、その規模からして施工者は日本の大手ゼネコンと考えられるが、どの社の社史にも七三一部隊の施設の建設のことは出てこない。部隊の性格上、マル秘中のマル秘だったのだろう。

実験用のネズミやノミの飼育棟。七三一部隊ではペスト、コレラ、炭疽菌《たんそきん》、腸チフスなど25種類ほどの細菌を扱っていたといわれている。このうちペスト菌はネズミやノミが媒介して人間に感染するため、生物兵器として開発するためにはペスト菌に冒されたノミなどを大量に培養する必要があった。これら感染ノミを陶器製の筒型爆弾に入れ、これを上空から落とし破裂させて無差別に感染させるという武器である。

凍傷実験棟。ハルビン郊外につくられた七三一部隊は緯度が高いこともあり、冬にはマイナス30度以下になる日も珍しくない。マルタはこの実験室に連れてこられると、足や手を容器に満たした水に漬けられる。そうするとものの数分で氷漬けとなる。金属棒で叩《たた》いて足や手がカンカンと音がするまで凍らせて、その後に壊疽《えそ》の進行していく細胞を観察した。

七三一部隊では細菌兵器だけではなく、化学兵器の開発や実験も行われていた。この円形状の建物は毒ガス貯蔵庫で、内部は３層になっている。直径約14メートル、地下約10メートル。イペリット、ホスゲンなどのマスタードガス、青酸ガス、一酸化炭素ガスなどが貯蔵されていたと見られている。

敷地内には鉄道の引き込み線もあり、現在でもそれは残っている。終戦の年の８月９日にソ連軍が日ソ中立条約を破って満洲に侵入してきたとき、関東軍は一戦を交えるわけでもなく民間人を保護するわけでもなく一番先に逃げ出した。七三一部隊も同様であり、早くも11日には一番列車を仕立てて日本へ向けて逃走を開始した。敷地内にあった建物は爆破されまた数十名のマルタは殺害され、証拠隠滅が計られるが、逃げ遅れた部隊員はソ連の捕虜となり、戦後のハバロフスク裁判で訴追されることになった。

侵華日軍第七三一部隊罪証陳列館に一歩足を踏み入れると、このように数ヵ国語で大書された看板に迎えられる。日本人としては思わず足がすくんでしまう。館内には、これでもか、これでもかというくらい日本が行った残虐行為の数々が、写真やジオラマを駆使して展示されている。これほどのアウウェー感を否が応にも受ける場所は世界広しといえどもここぐらいだろう。中国政府はこの七三一部隊跡を世界遺産として登録する準備を行っている。

8．ハルビン① 悪魔の誘惑と七三一部隊

この満洲国に関する本のなかで、「満洲第七三一部隊」について書くかどうか実はずいぶんと迷った。七三一部隊についてはこれまで研究者やジャーナリストたちによっていろいろな形で報じられてきたし、詳細を知りたければ常石敬一氏の著書『七三一部隊　生物兵器犯罪の真実』や青木冨貴子《ふきこ》氏の『731　石井四郎と細菌戦部隊の闇を暴く』を読めばよい。また森村誠一氏による『悪魔の飽食』はベストセラー作家による著書であったため発表当時は大きな話題を呼んだ。

しかし私が迷ったというのは、記事の内容が二番煎じになってしまうことではない。七三一部隊のやってきたことがあまりにも非人間的で残虐なため、それらを蒸し返すことに対して気が進まなかったからだ。それでもやはり書こうと思ったのは、生体実験という倫理的にとうてい許されない行為がなぜあの時代に行われたのか、それも正規の軍人ではなく医者や研究者の手によって行われたのはなぜなのかを、今一度私なりに考えてみたかったからである。

そしてその検証を行うことが結局は「満洲国とはいったい何だったのだろうか？」という問いに対する答えにつながるような気がした。さらには人間性を奪い去る軍隊のシステムやその延長線上にある戦争というものを紐《ひも》解《と》く手掛かりになるかもしれないと思ったからだ。

古代ギリシャ、ローマ時代からあった生物兵器

Covid-19の感染拡大が始まって早や2年以上が過ぎた。人類にとって未知のウイルスであり、また当初は感染率・死亡率ともに非常に高いと思われたため、世界中の人々をパニックに陥れた。その結果、人的移動が大幅に制限されることになり、戦後最大ともいえる大きな経済的打撃を受けることになった。

国境が封鎖され、人的・物的移動だけでなく行動までもが制限され、人々は見えない「敵」に怯《おび》える。私たちが今暮らしているこの世界で起きている事象はまさに戦時下と何も変わるところがない。戦争と明確に異なるのは、「敵」が国家という人間の意識の集合体ではなく、自然界に存在するウイルスであるという点だ。

そのウイルスも存在が認められた当初は「未知」であったことから、人為的に作り出されたものではないかということが疑われた。またその発生源として、２０１８年（平成30年）に完成したばかりの中国科学院武漢ウイルス研究所ではないかとも疑われているが、中国政府は公式に認めていないしまた認めるわけもないので、その真偽については永遠に謎のままであるだろう。

ウイルスは生物と無生物の中間に位置するものであり、自分だけでは存在することができない。細胞の中でしか存在できないため、自己を増殖させるために生物（人）から生物（人）へ感染するという特徴を持っている。感染するとウイルスによっては死を引き起こすこともあるため、人々は恐怖におののくことになる。

そのためこうした有害な生物や細菌、ウイルスを武器として戦争で使用することを考える人間が出てきても不思議ではない。古代ギリシャやローマ帝国の時代では、水源地に有毒植物を投げ入れたり、蜂やサソリを相手に投げつけたりするという方法がとられた。やがて伝染病で死んだ遺体を相手陣地に捨てることによって病気を蔓《まん》

延《えん》させる方法が考案される。武器というものはこうしてエスカレートしていく宿命を負っている。

生物を利用する兵器のことを生物兵器と呼ぶが、核兵器、化学兵器と並んで大量破壊兵器と総称される。それを使用することによって相手を無差別に大量に殺傷することができるからである。あるいはそれを保有することによって、敵にこれ以上攻撃をさせない抑止力というものが生まれ、心理戦で優位に立つことができる。

また生物兵器や化学兵器は少人数、少ない予算で開発・運用することができるため、重装備化ができない国やテロリストにとっては魅力的な戦法のひとつになりうる。戦後の日本で起きたオウム真理教によるサリンを用いた無差別殺傷事件を思い出してほしい。たったあの程度の人数で日本中を恐怖に陥れることができるのである。

生物化学兵器を野放しにしないための国際法として、すでに戦前の１９２５年（大正14年）にジュネーブ議定書（正式名称は「窒息性ガス、毒性ガスまたはこれらに類するガスおよび細菌学的手段の戦争における使用の禁止に関する議定書」）が定められた。ただしこのときに制定されたのは、あくまでも「使用」が禁じられただけで、「開発」や「保有」についてはなんら言及がなかった。日本は当時この議定書にサインはしたが、批准したのは戦後の１９７０年（昭和45年）になってからのことである。

世界が戦慄した「生体実験」

前置きが少し長くなってしまったが、生物兵器・化学兵器を研究開発する機関として満洲国に設置されたのが満洲第七三一部隊である。これは秘匿名（通称号）であり、正式名称は「関東軍防疫給水部本部」という。表向きは感染症などの予防と対策に関する研究を行い、前線で戦う兵士への安全な水の供給を担う部署ということになっている。

ソ連国境に最も近い大都市であるハルビンの南郊、平房《へいほう》というところに七三一部隊の施設が完成したのは1940年（昭和15年）。6平方キロもの広大な土地に鉄道の引き込み線もあり、また飛行場も隣接しているという大掛かりなもので、特別軍事地域に指定された。たとえ日本軍の飛行機であっても許可がない限りは上空を飛行できないほどの徹底的な機密漏洩《ろうえい》管理が行われていた。

部隊長は軍医の石井四郎。1920年（大正9年）に京都帝国大学医学部を卒業した石井は陸軍に入隊して軍医となるが、欧米に派遣されている間に生物兵器（細菌兵器）の重要性を認識するようになったといわれている。あるいはもしかしたら軍部の要請によって欧米での細菌兵器開発の実情を探るために石井が派遣されたのかもしれない。石井は帰国すると陸軍軍医学校の教官に任命され、防疫研究室を立ち上げた。

満洲国が建国された1932年（昭和7年）に石井は満洲へ向かい、七三一部隊の前身となる防疫給水部を統括する。その当時、石井は東郷一という偽名を使っていた。軍医が偽名を使うこと自体、その組織が単に防疫や給水を目的としたものではないことを暗示している。

平房に施設が移転した後、七三一部隊は本格的な活動を開始する。最盛期には3500名にも及ぶ人員が所属していたこの部隊では、ペストやコレラ、赤痢など約25種類の病原体の研究が行われていた。劣悪な環境下に置かれる兵士を疾病から守り、安全な水を供給することは、戦時下においては重要な後方任務である。であるから病原体を研究する機関はどの国の軍隊でも所持していただろうし、兵士の健康を保持する軍医の役割も大きかっただろう。

ではなぜ七三一部隊の存在が戦後、大きな問題となったのか。それは生物・化学兵器を研究・開発しようとした行為に対してはもちろんのこと、その目的のために人体実験、それも生きた人間を使うという行為に対して、世界が戦慄し、批判を集めることになったためである。

人体実験そのものは現代において禁止されているわけではない。たとえば新薬の開発においては、一定基準を満たせば人間に治験のために投与することは認められている。また臓器移植もすべての部位ではないが可能だ。しかしそのためには本人の同意はもちろんのこと、様々な制約を乗り越える基準なり条件が必要なのは言うまでもない。

七三一部隊がやったのは生体実験だった。ペスト菌を皮下注射して経過を見る、実際に拳銃を発射して弾丸がどのように頭蓋骨を貫通するのかを調べる、零下30度の場所で足や手を凍らせて凍傷の進行度を観察する、麻酔もせずに生きた人間から臓器を取り出して病原体の感染を調べる等々、聞いただけで身の毛もよだつような非人道的な実験が行われた。

被験者は、満洲国に居住していた中国人やモンゴル人の他、ロシア人の捕虜などであったが、部隊に連れてこられてからは「マルタ」という暗号で彼らは呼ばれた。マルタというのは「丸太」のことである。この施設に入れられたが最後、ほとんどの人は人間性を剥奪《はくだつ》され、動物実験で用いられるネズミや猿のように扱われて殺害された。その数は約３０００名にものぼると推定されている。

施設を爆破し、公文書を焼却

戦後しばらくの間は、そのあまりの非人間的かつ残虐性ゆえに、七三一部隊の存在自体がソ連や中国による捏《ねつ》造《ぞう》ではないかということが疑われたが、その後に機密解除された関連する公文書がアメリカやソ連で見つかり、運よく生き延びることができた中国人が証言するなどして、事実であることが明らかになった。

また実際に七三一部隊員であった複数の元隊員が戦後になって自分の犯した罪を償うべく証言しているし、最近でも七三一部隊について言及した当時の陸軍の文書が国内で発掘されてもいる。

ただ日本政府は肯定も否定もしない態度を一貫して取り続けている。これはある意味で仕方のないことで、関東軍のなかでも七三一部隊のあった場所は特別軍事地域に指定され部隊内でも他の部署との往来は厳しく制限されていたから、内部で何が行われているかを知る人はごく限られていた。さらに1945年（昭和20年）8月にソ連軍が侵攻してきたときに証拠隠滅を計るために施設の大部分は爆破された。文書もほとんどが焼却され、重要な書類だけは幹部によって日本へ持ち帰られた。そのため日本政府自身が回答できる内容を持ち合わせていないのが実情だからだ。

公文書というものは本来、後世に生きる者が当時の状況を検証するための資料として役立てるものである。公文書を検証されて困る人というのは、自分たちの行為が不正義であるのが露呈してしまうから困るのである。だから公文書の改竄《かいざん》や破棄ということが起きる。こういう問題は何も現在に始まったことではない。

七三一部隊についての記事を執筆すると、「日本側が作成した文書もないし、政府も否定しているのだから存在しなかったのだ」とか、「中国やソ連の出してくる証拠書類などどうせ捏造に決まっているし、アメリカの文書だって信用できない」と批判する人が必ず出てくる。しかし、そう思い込みたい気持ちはわからないでもないが、これまで明らかになっている断片的な証拠をジグソーパズルのようにつなぎ合わせると、やはり事実は事実として受け止めなければならないのは明白である。

「悪魔の誘惑」に搦《から》め捕られたのか

この部隊があった場所は現在、「侵華日軍第七三一部隊罪証陳列館」として一般公開されており、今も発掘作業が続けられている。私は二度この場所を訪れたが、中国人観光客に私が日本人であることを悟られないよう、おどおどしながら見学したことを思い出す。アウェー感は半端ではなかった。

見学しながら常に胸に突き刺さっていた疑問は、生体実験を実際に行ったのが軍医という名を借りた民間人であったことだ。七三一部隊に所属する隊員のうち約２２００名が軍属という位置づけの医学者や細菌学者、微生物学者などであり、しかも京都帝国大学などに在籍する優秀な研究者が多かった。

医者というのは本来、ひとりの人間の一生を左右しかねない重要な決断を下す判断力が求められるはずだし、研究者であるならば人間に対しての生体実験など許されるわけがないことぐらい常識であるはずだ。日本国内では許されないが、満洲国では許される。そういうふうに自己弁護したのだろうか。それとも軍隊に入るときに誰かからそう聞いたのだろうか。

私は大学で生物学を専攻したのでそのあたりの事情について想像することができるのだが、たとえばネズミという実験動物を使って何かの実験を行うとする。実験の結果、自分の立てた仮説が正しいことがわかったとする。しかしここで問題となってくるのは、ネズミでうまくいったことが果たして人間でも同様の結果が得られるのかどうかということだ。研究者としては是が非でもその実験を人間に対してやってみたい。しかし倫理的にそれは禁止されている。

ところがもし誰かが、満洲へ行けばできるらしいぞ、と囁《ささや》いたとき、その研究者は「悪魔の誘惑」に打《う》ち克《か》つことができるだろうか。七三一部隊へ渡った研究者の多くはおそらくその「悪魔の誘惑」に搦め捕られてしまった人たちなのではないかと想像するのである。

もうひとつ、これは戦争や軍隊というものの本質であると思うのだが、戦争を遂行する人間には何か大義名分が必要だ。日本の場合それは、「お国のため」であり、「天皇の名誉のため」であった。だから生体実験のような本来なら道義的に許されないようなことでも、「お国のため」という免罪符を首にかけることによって生きた人間に手をかけることができたのではないだろうか。

戦後しばらく石井四郎は米軍からの追及を逃れるべく、自身の嘘《うそ》の葬儀まで行って身を潜めていたが、2年後にとうとう米軍の尋問を受けることになる。その際、石井は満洲から持ち帰った研究データをすべて米軍に手渡した。条約で禁止されている生体実験の資料は米軍にとっても喉から手が出るほど欲しいものであったからだ。

その取引の見返りとして、石井をはじめとして日本へ逃げ帰った元七三一部隊員は誰一人として東京裁判で裁かれることなく無罪放免となり、大学や研究所、病院などの現場へ教授職などとして復職することになった。そして戦後の日本の医学界・科学界は七三一部隊のＤＮＡを内包したまま再出発したのである。

9．ハルビン② 極東のパリと呼ばれた街

ハルビンという地名が日本人に深く刻み込まれることになったのはおそらく１９０９年（明治42年）のことだろう。当時、枢密院《すうみついん》議長の職にあった伊藤博文《いとうひろぶみ》が訪問先のハルビン駅プラットホームで凶弾に倒れた。暗殺の手を下したのは朝鮮民族主義活動者の安重根《アンジュングン》である。

枢密院というのは天皇の最高諮問機関であり、国政に関して内閣と並ぶ権限を持つ組織である。伊藤はその枢密院の初代議長を務めたが、ハルビンで暗殺されたときは4度目の議長就任後のことだった。

よく知られているように伊藤は初代の内閣総理大臣に選出されている。そしてその後、第5代、第7代、第10代と4度にわたって内閣総理大臣を務めた。であるので、おおざっぱに言うと、内閣総理大臣と枢密院議長を交互に務めていたようなものである。現在もそうだと思うが、権力者というのはこうやって要職を自分の息のかかった者同士でぐるぐるとまわしていくものらしい。

伊藤の命が安重根に狙われたのは、１９０５年（明治38年）に韓国統監府の初代統監に就任したことが原因だ。統監府が置かれたことにより、朝鮮半島においての統治権を実質的に日本がもつことになった。その流れが１９１０年（明治43年）の韓国併合へとつながるのである。

しかし伊藤は当初、韓国の併合には反対の立場だった。保護国という形で十分であり、いずれ力がついたとこ

ろで独立させればよいと考えていた。ところが軍隊を解散させ、内政権を奪うという形で保護国化を進めた結果、その一方的かつ高圧的なやり方に対して反発が起こり、独立運動が盛んになっていった。徐々に日本の手に負えなくなったため伊藤も考えを改め、併合へと傾いていったといわれている。

伊藤がハルビンを訪れていたのは、こうした歴史の転換点にある時期に満洲や朝鮮半島の問題をロシアの蔵相と話し合うためであった。1904年（明治37年）の日露戦争で勝利した日本は満洲における南満洲鉄道（満鉄）などの権益を確保していたが、弱体化する清国を横目に、日本とロシアの間では利権や領土を巡る駆け引きが行われていた時期である。

手を下した安重根はすぐに官憲によって拘束され、旅順にあった監獄に移送され、最高法院での判決を受けて処刑された（「1章　旅順、建国への助走」において残存するそれらの建物について解説している）。安重根は朝鮮民族の抵抗を命懸けで貫いた人物として、韓国では抗日最大の英雄として現在でも尊敬されている。

「極東のパリ」と称された国際都市

さて話をハルビンに戻そう。現在のハルビン市は人口700万人を超える大都会であるが、街の建設が始まる19世紀末には無人の荒野が広がる寒村であった。清国の領土であったが、国境を接するロシアのアムール州や沿海州は1860年（万延元年）前後に清国から割譲された地域であることからみてもわかるように、ロシア帝国の圧力を常に受けていた。

1896年（明治29年）になるとロシアは清国から東清鉄道（中国東方鉄道）の敷設権を得ることに成功し、沿海州のウラジオストックから満洲の綏芬河《すいふんが》を経て、ハルビン、満洲里《まんしゅうり》を結ぶ鉄道の建設に着手する。これに先立ちロシアはハバロフスクからのシベリア鉄道の建設を進めており、両鉄道は１９０４年（明治37年）にロシア領のチタにて連結。モスクワと極東を結ぶ遠大な鉄道路線が完成することになった。

おそらく日本はその情報に接して戦慄したはずだ。というのはシベリア鉄道の全線開通は、モスクワから短時間で大軍隊を極東に派兵できることを意味するのだから。そういう意味でも日露戦争はもはや避けることができなかったのかもしれない。しかし日本は多大な犠牲を出しながらも日露戦争に辛勝したことにより、ロシアの南下政策をぎりぎりのところで食い止めることができた。

翌年のポーツマス条約で日本は満洲における長春以南の鉄道をロシアから譲り受け、南満洲鉄道（満鉄）が設立されるが、東西に延びる東清鉄道の運営権はロシアがそのまま保有することになった。この一件を見ても、日露戦争以降も満洲北部ではロシアが影響力を保持し続けたといえるだろう。ロシアがこの東西に延びる東清鉄道の利権を最終的に放棄したのは、満洲国が建国されて３年後の１９３５年（昭和10年）のことである。

T字の形に敷設された東清鉄道のうち、東西と南北が交差する地点がハルビンである。そのため鉄道が敷設された後はヨーロッパ世界と満洲が結ばれたこともあり、交易や商業などの拠点としてハルビンの街は急速に発展していくことになる。それに伴い、ロシア人だけでなく、中国人や欧米人、さらには日本人も先を争うようにしてこの街に集まってきた。

この街に建設された建物の多くは、19世紀末から20世紀初頭にかけてヨーロッパで大流行したアール・ヌーヴォー（フランス語で、「新しい芸術」という意味）様式を取り入れていた。モダンで優雅な西洋式の建築群の中にさまざまな民族・人種がひしめく活気にあふれる街。「極東のパリ」とも称された華やかな国際都市がハルビンであった。

こうした西欧風の建築物が次々に建てられていたピークは１９２０年代初頭。そのころはロシア人と中国人がそれぞれ15万人から20万人前後の人口を抱え、街を実質的に支配していた。日本人の移民も流入し続けてはいたがまだ３０００人ほどだった。日本人の人口が飛躍的に増えるのはやはり満洲国の建国後のことである。

ロシア系ユダヤ人の受難

ロシア人がこの街で中国人と並んで多数派となったのは理由がある。１９１７年（大正6年）にロシア革命が起きた際、社会主義政策を嫌う人たちはパリやベルリン、プラハなどへ逃げ出したが、国境を接する満洲のハルビンもその例外ではなかった。社会主義ソビエト連邦という体制を嫌った彼ら亡命者たちは「白系ロシア人」と呼ばれた。ハルビンに居住するロシア人の人口は、革命から内戦へと移行するなかの騒乱により一気に3倍に膨れ上がった。

社会主義政権を嫌ったハルビン在住の白系ロシア人は１９３０年代に入ると「ロシア・ファシスト党」（ＲＦＰ）を結成するなどしてソ連への抵抗を示すようになっていく。そのためロシアに対して潜在的な軍事的脅威を感じていた関東軍がこの動きを見逃すわけがなかった。ハルビンが関東軍の支配下に入ったのは、１９３２年（昭和7年）の満洲国建国の直前であったが、それ以降のハルビンの統治にＲＦＰを積極的に利用するようになっていく。

実際、情報戦を担うハルビン特務機関や憲兵隊、警察機関などはＲＦＰに所属する白系ロシア人を多数積極的に雇用し、手駒として使っていた。ＲＦＰ側としても日本や満洲国の軍事的な後ろ盾を得ることにより、反社会主義戦線を形成していく狙いがあったのだろう。

そのような情勢のなかでひとつ厄介な問題が持ち上がった。ハルビンに逃れてきていたロシア人のなかにはたくさんのロシア系ユダヤ人が含まれていたことである。帝政ロシアには５００万人を超えるユダヤ人が居住していたが、彼らの活動は制限・迫害されていたため、ハルビンに逃れてくる人も少なくなかった。１９２０年代にはその数２万人に達していたといわれている。

白系ロシア人のＲＦＰはその綱領に「ユダヤ人の排斥」も掲げていた。このためユダヤ人の暗殺や身代金目当ての誘拐が立て続けに起こるようになってしまったのである。人種や民族の融和した経済発展の続く国際都市ハルビンは、時代と共にいつのまにか憎悪と人種差別が入り混じる硬直した都市へと変貌していくことになる。

計画倒れに終わってしまったが、日本は「河豚《ふぐ》計画」というものを練っていた時期がある。これはユダヤ人の持つ豊富な資産や資本を満洲国に投下させるために、彼らを積極的に移民として受け入れ、自治区のようなものをつくろうというものである。ただロシアやヨーロッパでのユダヤ人問題というのは非常に扱いの難しい問題であるため、うまく料理しないと毒がまわって大変なことになるという意味で、河豚計画と非公式に呼ばれた。

特に日本の同盟国であるドイツではユダヤ人に対する扱いが日に日に厳しさを増す中で、日本が（満洲国が）受け入れるということは現実的に難しく、この計画は頓挫することになった。

話は少し飛ぶが、バルト三国のひとつリトアニアの在カウナス日本領事館員だった杉原千畝は、外交官になってすぐに勤務したのが在ハルビン日本総領事館であったことは意外に知られていない。あらためて説明するまでもないが、リトアニアがソビエト連邦に飲み込まれていく過程で大量に生まれたユダヤ人などの避難民に対して、杉原は外務省の方針に逆らって自らの判断で１９４０年（昭和15年）にビザを発給したことでよく知られている。

そのビザによって他国へ逃れることができ命が助けられたため「命のビザ」と呼ばれ、現在でもユダヤ人たちに語り継がれている日本が誇る真の外交官である。杉原が在ハルビン日本総領事館から満洲国外交部へ移籍したのは1932年（昭和7年）の満洲国建国時であり、ユダヤ人の受難を現地において肌で感じていたはずである。そうしたバックグラウンドがあったからこそ、「命のビザ」が発行されることになったのではないかと私は想像している。

満洲のなかでも異質で特別な街

少し当時の政治の話が長くなりすぎた。戦前のハルビンを身体で感じたいのなら、まず松花江という街の北側に流れる大河へ向かおう。松花江は、ロシアとの国境を流れるアムール川の支流である。冬季には完全凍結するこの川に沿って「斯大林公園」がある。「斯大林」と書いて「スターリン」と読む。そこから駅に向かって全長が1・5キロほどの「中央大街」が延びており、幅の広い石畳の道が歩行者天国になっているためいつもたくさんの観光客で賑《にぎ》わっている。

かつてロシア語で「中国人街」を意味する「キタイスカヤ」と呼ばれていたこの通りは、東清鉄道が開通後に最も早く建設が進んだところで、石畳の道の両側には20世紀初頭の建築が現在も残存しており、その数は30にものぼるという。このキタイスカヤを中心としたエリアはプリスタン（埠頭《ふとう》地区）と呼ばれ、ロシア資本だけでなく欧米や日本の資本も入って当時ハルビンでもっとも隆盛を極めた。

私が初めて訪れたのは厳冬期の1月で、マイナス30度にも下がる気温の中をありったけの衣類を重ね着して歩きまわったものである。その極寒のなかを中国人観光客たちは路上に並べて売られているカチカチに凍ったアイスクリームを食べながら歩いていたのには驚かされた。知り合った上海のほうから来ていた方は、冬に開催される「氷雪大世界」を見るためにハルビンへ来たそうで、これほどの古い西欧建築が集中しているところは中国では他にどこにもないと言っていた。氷雪大世界というのは札幌《さっぽろ》雪まつりのようなもので、この期間中は氷を彫刻した巨大な作品が展示される。

隆盛を極めていた100年前は、パリのモンマルトル、ロンドンのピカデリーと並び称されるほど西洋の文化の香りが立ち昇る通りであり、カフェーやバーで夜どおし賑わったという。満洲のなかでもハルビンは異質で特別な街であった。なかでも日本人音楽家にとっては、「極東のパリ」ハルビンは憧れの街だった。ソビエト革命によってロシアを追われたユダヤ系ロシア人の芸術家たちが多数このハルビンへ流れ着いたこともあり、街にはたくさんの劇場や音楽ホール、映画館などの文化施設がオープンし、室内楽や交響楽、オペラの上演などが頻繁に行われていたからである。東清鉄道が運営するハルビン音楽専門学校もあった。

日本初の管弦楽団を組織し、西洋音楽を普及させた作曲家であり指揮者でもある山田耕筰《こうさく》は、1925年（大正14年）にハルビンの「東支鉄道交響楽団」と日本人演奏家を交えた「日露交歓交響管弦楽演奏会」を日本で主催した（注：清朝時代には東清鉄道と呼ばれたが、清朝が滅亡後は東支鉄道あるいは中東鉄道と呼ばれた）。この演奏会が基礎となり、後に「日本交響楽協会」が発足するが、これは現在のＮＨＫ交響楽団（Ｎ響）の前身である。

またハルビンには1936年（昭和11年）に創立されたハルビン交響楽団という日露中の混成楽団があったが、指揮者の朝比奈隆は1944年（昭和19年）に満洲へ渡り、ここで指揮を務めた。朝比奈はそのままハルビンで終戦を迎えている。

ロシア人、中国人、欧米人、ユダヤ人、そして日本人たちが夢見たハルビン。街をぶらぶら歩けば、栄華を極めた「極東のパリ」の記憶がいまもあちこちの建築物に色濃く刻まれていることを知るだろう。

10. 安東（丹東《たんとう》）北朝鮮国境の朝鮮族の街

人々をあふれんばかりに満載した遊覧船がすぐ目の前を通り過ぎて行った。男たちは黒っぽい背広姿、女たちは艶《あで》やかな色あいのチマチョゴリ姿。船に記されているのは「あの国」の国旗。皆こちらに向かって微笑《ほほえ》みながら手を振っている。それに呼応するかのように岸辺で並んでいる十数人の中国人観光客の間から「おーっ」という歓声が上がり、手を振り返している。

ここは朝鮮民主主義人民共和国（北朝鮮）と鴨緑江《おうりよくこう》を挟んだ国境の街、丹東。対岸に北朝鮮がのぞめるということで、中国人の間でも近頃人気の観光地である。この丹東の川べりから遊覧船が出ていて、対岸の新義州市のすぐ近くまで行ってくれることは知っていたが、逆に北朝鮮側からの遊覧船があるとは知らなかった。

私たち日本人にとっては国交を結んでいないこともあって、北朝鮮という国はベールに包まれた謎の国というイメージがあるが、それは最大の貿易相手国である中国の人にとっても同じのようである。ただ、丹東の街から日帰りの北朝鮮ツアーが催行されており中国人は参加することができるので（日本人はできない）、そのぶん日本人よりはかなり北朝鮮という国は身近な存在であるのだろう。

川沿いの遊歩道には、ゴザの上に商品を置いて商いをしている土産物屋がたくさん並んでいた。北朝鮮の紙幣や切手などが広げられている。紙幣はどれもピン札だ。こうして土産物として販売されるほどだから、実質的な

郵便はがき

料金受取人払郵便

代々木局承認

7648

差出有効期間
2023年12月25日
まで
(切手不要)

151-8790

243

(受取人)
東京都渋谷区千駄ヶ谷 4-25-6
新日本出版社
編集部行

ご住所	〒 都道府県
お電話	
お名前	フリガナ

本のご注文は、このハガキをご利用ください。送料 300 円

《購入申込書》

書名	定価	円	冊
書名	定価	円	冊

ご記入された個人情報は企画の参考にのみ使用するもので、他の目的には使用いたしません。弊社書籍をご注文の方は、上記に必要情報をご記入ください。

愛読者はがき

ご購読ありがとうございます。出版企画等の参考とさせていただきますので、下記のアンケートにお答えください。ご感想等は広告等で使用させていただく場合がございます。

① お買い求めいただいた本のタイトル。

② 印象に残った一行。

(　　　)ページ

③ 本書をお読みになったご感想、ご意見など。

④ 本書をお求めになった動機は？

1 タイトルにひかれたから　　2 内容にひかれたから
3 表紙を見て気になったから　　4 著者のファンだから
5 広告を見て（新聞・雑誌名＝　　　　　　　　）
6 インターネット上の情報から（弊社 HP・SNS・その他＝　　　　　　　）
7 その他（　　　　　　　　　　　　）

⑤ 今後、どのようなテーマ・内容の本をお読みになりたいですか？

⑥ 下記、ご記入お願いします。

ご職業	年齢	性別
購読している新聞	購読している雑誌	お好きな作家

ご協力ありがとうございました。　ホームページ www.shinnihon-net.co.jp

価値はほとんどないと思われる。

「金正恩のバッジは置いていないのですか?」と尋ねると、その土産物屋のおばさんはあたりをキョロキョロうかがいながら後ろに置いているズタ袋を引き寄せた。そして中をごそごそやって袋入りのバッジをいくつか取り出した。金正恩や金正日の肖像や国旗が刻印されている金バッジである。

丹東の街のことをネットで調べていたときに、珍しい土産物として北朝鮮人がいつも胸に付けているという金バッジが紹介されていたのだ。店先には置いていないからあまり大っぴらには販売できないのだろう。しかしバッジ自体はかなりチャチなつくりで、おそらく中国国内でつくらせた偽物だと思う。

米軍の爆撃で半壊した鴨緑江橋梁《きょうりょう》

この街の最大の観光ポイントは、橋である。対岸の北朝鮮へは川幅が940メートルあるのだが、2本の鉄橋が架けられている。左側にあるのが現在も使用されている1943年(昭和18年)竣工の「中朝友誼《ゆうぎ》橋」(鴨緑江大橋)で鉄道と自動車が通行できる。かつては鴨緑江第二橋梁と呼ばれていた。右側にあるのが1911年(明治44年)に完成した「鴨緑江橋梁」で途中から折れたままになっているため「断橋」と呼ばれている。

どちらも日本によって架けられた橋だが、「断橋」は朝鮮戦争時の1950年(昭和25年)にアメリカ軍によって爆撃を受けたために北朝鮮側の部分が崩壊し、以来そのままの形で現在に至っている。当時、金日成が毛沢東に援軍を要請したため約20万人の人民解放軍が北朝鮮に渡って戦った。この援軍の補給を断ち切るためにアメリカ軍は空爆を行ったのである。この戦争では約17万人の中国兵が戦死したといわれており、このなかには毛沢東の長男である毛岸英《もうがんえい》も含まれている。

ＪＴＢの前身であるジャパン・ツーリスト・ビューローが戦前に発行した時刻表を見ると、韓国の釜山から満洲国の首都・新京まで直通列車が運行されていたことがわかる。その列車は「断橋」となっている鴨緑江橋梁を通過していた。所要時間は27時間20分。下関と釜山を結ぶ関釜《かんぷ》フェリーは現在も毎日一便が運航されているが、これは１９０５年（明治38年）に運航が開始された関釜連絡船がその基盤になっている。

当時、満洲への渡航としては、大きく分けて大連を経由するルートとこの朝鮮を経由するルートがあった（６章「大連①　日本からの玄関口」）。日本を出発して首都の新京へ至るルートとしては、直通列車の運行が始まってからは時間的に釜山経由が最も速かったと思われる。そのころ鴨緑江橋梁が架かる現在の丹東は「安東」と呼ばれていた。

この路線は、日本を出てから朝鮮半島、満洲を経由してヨーロッパへとつながっており、軍事目的としてだけでなくビジネスや外交にとってもたいへん重要なものとなっていく。現代のように気軽に航空機を利用できない当時においては、島国である日本が世界と接続するチャンネルを持ったという事実は、今の私たちの感覚からしてみれば想像できないほど大きな意味を持っていたのだろう。

ちなみに朝鮮半島を縦断する京義線、京釜線を走る特急列車は「あかつき」号。急行列車は「ひかり」号、「のぞみ」号であった。戦前から存在した「ひかり」や「のぞみ」という名称が現在の新幹線に引き継がれているのはとてもおもしろい。おそらく次世代の新型車両には「あじあ」と名付けられるのではないかと私は勝手に想像している。

満洲内の安東と奉天を結ぶ路線は「安奉線」というが、これは現在の中国鉄路の瀋陽《しんよう》と丹東を結ぶ「瀋丹線」である。この路線はポーツマス条約によって認められた南満洲鉄道（のちの満鉄）とは異なり、日露戦争中に日本陸軍によって建設が開始されたものである。臨時鉄道大隊が工事を行った軍用鉄道で、軌道が狭い軽便鉄道であった。満鉄に組み込まれることになったのは完成後の1907年（明治40年）のことである。日露戦争で日本はロシアを打ち負かしたことによって、清《しん》国の領土をじわじわと占領していった。

ロシア軍と戦った「鴨緑江の会戦」

大きな河川や山脈などによって国境が隔てられることがほとんどであるため、こうした地域では昔からどうしても戦闘が起きやすい宿命を持っている。朝鮮と満洲を分ける鴨緑江もその例外ではなかった。日露戦争というとすぐに壮絶な戦いがあった旅順の名前を思い浮かべてしまうが、その前哨戦《ぜんしょうせん》として1904年（明治37年）にはここ安東において「鴨緑江の会戦」があった。

日本陸軍第一軍は朝鮮半島経由で鴨緑江にやってくると、第12師団がこの川に架橋を始める。といっても現在の鉄橋がある場所ではなく、中州があるところから攻めていった。幅が1キロ近くもありまた水深もそれなりにある川だから、当然そのほうが橋を架けやすかったからである。

このときの戦況については、国立公文書館に資料が残っているために読み解くことができる。第一軍司令官の黒木《くろき》為楨《ためもと》から参謀本部へ打電した戦況報告「電報：軍ハ予定ノゴトク天明ヲモッテ砲戦ヲ開始ス」などによると、第12師団はわずか13時間で鴨緑江に架橋することに成功している。そして約4万の軍隊をわずか一日で対岸の安東へ上陸させると、その日のうちに防衛するロシア軍を打ち破って九連城を占領してしまった。

これは日本軍が優秀だったというよりは、ロシア軍が「有色人種の日本人など怖《おそ》れるに足りない」と端から馬鹿にしていたことが原因だろう。加えて、日本側は実のところ土地勘があり経験も積んでいたことが大きい。というのは、この会戦の約10年前の1894年（明治27年）の日清戦争において、山縣有朋《ありとも》ひきいる第一軍は渡河作戦を開始して清国軍を蹴散らしたという実績があったからだ。日本にとっては史上初めての清国領土の占領であり、「鴨緑江作戦」と呼ばれている。

それにしても日清戦争から日露戦争に至るわずか10年間で、国境である安東を防衛する組織が清国軍からロシア軍に取って代わられていたのは興味深い。それだけ清国が弱体化していたことの証《あかし》だろう。

歴史を勉強していていつも痛感することは、戦争が単に「正しかった」「間違っていた」という評価の仕方だけでは、本当の歴史は見えてこないということである。満洲への日本の侵略行為は清国に暮らす現地の人にとってみればとうてい許されるものではないが、ではなぜそこにロシア軍が駐留することは許されるのだろう。

外交ではもはや解決できない事態に陥り、地域のパワーバランスが崩れたときに戦争というものは起きるが、戦う両者にとってみれば自分たちこそが正義であるわけで、私たちが歴史から学ばなくてはいけないのは結果ではなく、「どうしてそのような状況に陥ったのか」という根本原因こそが重要であると思う。

話が少しそれてしまったが、日本は「鴨緑江の会戦」で勝利したことにより、諸外国に向けた公債を買ってもらうことができるようになり、以降の戦費を海外から調達することができるようになった。極東のちっぽけな島国が実質的に世界に認められるようになったのはこのときの戦争が大きな意味を持っていた。と同時に、自分たちの力を過信することにもつながっていった。

国策の巨大プロジェクト、水豊ダムの建設

鴨緑江は伐採した木材の運搬などで重要な役割を果たすことになる他、豊富な水量を利用したパルプ工場など

が建設されていくが、河川においての最大の開発と言えば「水豊ダム」が真っ先に挙げられるだろう。

水豊ダムは朝鮮総督府と満洲国との共同事業であり、それは日本にとっての国策であることを意味した。関東軍司令部が主導する形で満洲国政府、満鉄と協議した結果、１９３７年（昭和12年）に「満洲産業開発５ヵ年計画」が策定される。この経済開発計画においては、とりわけ満洲国の重工業化に重点が置かれていた。重工業を発展させるためには多大な電力が必要となる。

満洲国においては１９３６年（昭和11年）の段階で46万キロワットの電力が生み出されていたが、これを１９４１年（昭和16年）までに１４１万キロワットにまで増加させる計画が練られた。ところがいざ運用が始まってみると日中戦争が本格化したため、戦力の増強のためにはこの数値目標では間に合わなくなり新たな目標を２５７万キロワットに設定し直すことになった。５年間で電力生産を一気に６倍に引き上げようというのだから考えてみると無茶《むちゃ》な話である。

しかし当時はイケイケドンドンという世相だったのだろう。この目標を達成するための一環として、水豊ダムの建設計画が実行に移されることになった。世界でも最新の重力式コンクリートダムであり、高さ１０６メートル、長さ９００メートル、保水容積は３１１万立方メートル。発電量は最大70万キロワットであった。当時の日本国内における水力発電の総量が２８０万キロワットであったことから考えても、いかにこのダムが巨大であったか想像できるだろう。

総工費は約５億円。もちろん当時の金額であるが、これはとんでもない予算だ。具体的にどれぐらいの金額かというと、そのころ日本国内では「弾丸列車計画」というのが持ち上がっていたのだが、その予算に匹敵するという。これは東京と下関を結ぶ１１００キロの区間に、在来線以外に新線を建設して戦時の輸送力を高めるという計画で、「新幹線計画」とも呼ばれていたものである（現在の新幹線とはまったく別の計画）。

この費用を拠出したのが、日窒コンツェルンの野口遵《のぐちしたがう》らであった。日窒コンツェルンというのは日本窒素肥料株式会社（のちのチッソ）を中心とした財閥であり、日本の15大財閥のひとつに数えられる。日本窒素肥料という会社は化学肥料や合成アンモニアなどの製造を行っていた会社だが、なぜ水豊ダム建設に関わることになったのだろうか。

野口は帝大工科大学（いまの東京大学工学部）を卒業後、いくつかの会社を経て日本窒素肥料を設立するのだが、曽木電気という会社を興して鹿児島に水力発電所を建設した時期があった。だからダム建設についてのノウハウは持っていたのである。その後、朝鮮半島に渡り、日本窒素肥料の子会社である朝鮮窒素肥料という会社を立ち上げている。

朝鮮半島と満洲国の発展はすなわち日本の経済発展をも意味するわけだから、野口は財界人として満洲産業開発5ヵ年計画に全面的に協力する形で資金を提供することになったのだろう。もちろん彼の頭の中には、水豊ダムの完成によって電力供給が確保されれば、いずれ巨大なビジネスを生むだろうという計算があったのは間違いない。

このダムが完成したのは終戦間近の１９４４年（昭和19年）になってからのこと。時すでに遅しで、実際にフル稼働したのは1年にも満たなかった。水力発電所は朝鮮側に置かれていたため、戦後の北朝鮮はこの電力を使って韓国よりも一足早く経済復興を遂げたといわれている。現在も稼働していると推定されるが、丹東の街から見る鴨緑江の対岸は夜間ほとんど電気が点《つ》いていないところをみると、修理もままならず放置されている状態なのかもしれない。いずれにしても現代の北朝鮮が電力不足であることは確実だ。

私が初めて丹東を訪れたのは２０１６年（平成28年）だったが、その翌年に再訪してみると北朝鮮からの遊覧船はストップしていた。中国側からも対岸近くまで航行することはなく川の中央あたりから船は引き返していた。また丹東の街に何軒もあった北朝鮮レストランは閉鎖されていた。

その年、北朝鮮はアメリカに向けて弾道ミサイルを何発も発射したため、国連の安保理において制裁が４回も決議される事態となっていた。そのため各国による経済制裁が行われたため、おそらくその影響であると思われる。

しかし最大の取引相手国である中国からは友誼大橋を北朝鮮へ向かう車列がいつものようにあった。かつては朝鮮総督府という名の日本と満洲国を結んだこの鉄橋は、時代が移っても北朝鮮と中国を結ぶ大動脈であることには変わりはないのである。

11. 近代国家の誕生と終焉

ここまでは、大連、奉天（瀋陽《しんよう》）、新京（長春）、ハルビン、安東（丹東《たんとう》）といった都市に関連する近現代史を、現地に残存する建築物と絡めて解説してきた。満洲国という歴史のはざまに産み落とされた国家がどのように誕生し、日本を凌《しの》ぐような近代都市を建設しながらもやがて崩壊していったのはなぜなのか。

そのひとつひとつの要因を検証していって初めて「満洲国とは何だったのか」という問いに対する回答のヒントが導き出せると思うが、これだけ筆を尽くしても満洲国というものの実像に迫ることは至難の業である、というのが私の正直な感想である。

後世に生きる人は、現代において入手できる資料や公文書、書物などを読み解くことによって満洲国の実像に迫ろうとするが、やはりその時代に生きた人の具体的な証言なり回想がそこには必要不可欠になる。ところが戦後77年を経て、当時のことを明晰《めいせき》に証言できる人はもはや少数になってしまった。

しかし現在の中国東北部には、満洲以前のロシア時代のものも含めてたくさんの往時の建築物が残されている。日本の約3倍もの面積を持っていた満洲。私はカメラと古地図を手に満洲という時代の残り香を探して歩きまわった。そして人間の営みを黙って見下ろしてきた建築物を通じて、満洲国というあまりにも短命な国家のおぼろげな輪郭だけでも描いてみたいと思う。

満洲国が誕生してから突然の終焉を迎えるまではわずか13年半。ただ実際には日露戦争に勝利して満洲におけるさまざまな利権を手にし、この地に礎を築き始めてからの期間を含めると、約40年間が満洲という不完全な国家が存続した時間であった。

ロシア人や満洲人が築いてきた都市の遺産を引き継いだとはいっても、たとえば首都の新京においては荒野を切《き》り拓《ひら》き、厳密にデザインされた都市計画に沿ってまったく新たな価値観のもとで都市を建設していったわけで、それが短期間で実行に移されたこと自体は驚嘆すべきことだと思う。

上下水道を整備し、住宅に蒸気によるセントラルヒーティング・システムを導入《どうにゅう》し、現代にも通用する幅の広い舗装道路を建設。高等教育までの教育機関を整え、世界最速の高速鉄道を走らせる。そして統制経済により短期間で経済成長を実現し、中国大陸で随一の重工業地帯をつくりあげ、同時に集約型で国際競争力のある農業を育成していった。

そこには日本人の叡智《えいち》と行動力を総動員させて、これまでどの国もなしえなかった先進的な都市国家をあらたに建設するのだという一本筋の通った理想があったからだと思う。しかし、満洲という土地は歴史的に日本が領有していた時代がまったくなかった「未知の地域」であったわけで、そこには数千年の歴史を有する他民族の暮らしがすでにあったという事実には目をつぶっていた。

日本から離れた場所で近代国家を短時間で出現させたいっぽうで、国内では泥沼のような戦争から抜け出すことができず、行き着くところまで突き進んだ挙句に、結果的にすべてを失って破滅を迎えるというまさに波乱万丈な道のりを歩んだのである。

あまりにもアンバランスなこの両極端に見える結果を私たちはどのように受け止めたらよいのだろう。その原因を考えることが、「満洲国とはいったい何だったのか」という命題に答えることにつながると思うし、それはイコール日本という国を客観的に評価する視点にもなりえる。

しかし戦後の日本は、このときの失敗の本質についての原因究明を十分に行ってきたとは言い難《がた》い。「すべてを水に流す」という日本人特有の便利な言葉によって、過去の出来事をあいまいにしたまま戦後のスタートを切ってしまった。放置されてきた過去の事象を再び歴史という俎上《そじょう》に載せるのは簡単なことではないが、満洲に残存する建築物を一つひとつ検証《けんしょう》していく作業はもしかしたら全体像を俯瞰《ふかん》するためにパズルの一片をていねいにつなぎ合わせることにつながるのかもしれない。

この章ではこれまで取り上げなかった各地に散らばる建築物のうち、特色のあるものを中心にその背後に隠れている歴史と当時の情勢を軸に紹介してみたいと思う。私の狙いどおり、満洲というどこかつかみどころのない地域がもっと人々の実際の暮らしに直結した形で具体的かつ立体的に浮かびあがることになればうれしい。

成吉思汗廟《チンギス・ハーンびょう》（ウランホト）

現在の内蒙古《うちもうこ》自治区ウランホト（烏蘭浩特）の街は、吉林省との省境近くに位置している。満洲国時代には「興安」と呼ばれていた。満洲国のスローガンのひとつ「五族協和」とは、満洲人、漢民族、蒙古《もうこ》（モンゴル）人、朝鮮人、そして日本人を指しているが、この興安付近には歴史的・地理的にモンゴル人が多く住んでいた。

モンゴル人と満洲人はともに清朝時代からチベット仏教を信仰していた関係で友好関係にあった。そのため満洲国が建国された1932年（昭和7年）当初は、皇帝・溥儀《ふぎ》に忠誠を誓うという意味で、モンゴル人は満洲国には協力的な姿勢を取っていた。

ところが徐々に民族自決の動きが出てきて、1939年（昭和14年）にはモンゴル王侯のデムチュクドンロブ（徳王）を主席とする蒙古聯合《れんごう》自治政府が成立する。満洲国政府は皇帝・溥儀が天照大神《あまてらすおおみかみ》を国神として奉ってからは各地に建国神社を建立していったが、興安ではそうもいかなくなってきた。自治政府を打ち立てたモンゴル人にとってみれば、神社の建立は日本による文化的・精神的な侵略を意味するからである。

このためモンゴル人たちを宣撫《せんぶ》するためには彼らの自尊心を満たす建築物を建立する必要があった。モンゴル帝国の初代皇帝チンギス・ハーンを祀《まつ》る「成吉思汗廟」の建設はこうして計画されることになった。設計と施工には満洲国建築局の日本人技師があたり、明治神宮外苑《がいえん》の「聖徳記念絵画館」とチベット仏教寺院をミックスさせたデザインの廟は、こうして終戦間近の1944年（昭和19年）に竣工したのである。聖徳記念絵画館というのは1926年（昭和元年）に故明治天皇の業績を絵画に描いて展示するためにつくられた建物である。

この成吉思汗廟からほど近い場所で、終戦直前に日本人を震撼《しんかん》させた凄惨な事件が起きた。「葛根廟《かっこんびょう》事件」である。8月14日、満洲国になだれ込んできたソ連軍は興安の街を空襲した。そのとき興安には約3000名の日本人が暮らしていた。

在住日本人は集団で興安を脱出し、鉄道で新京方面へ避難するために葛根廟駅へ向かっていたところをソ連軍地上部隊の機銃掃射を受け、千数百名が死亡したのである。根こそぎ動員によって男はほとんど兵隊にとられていたため、避難するために歩いていたのはほとんどが老人と女、子どもであった。

在間島日本総領事館（龍井）

満洲国が建国されるまで、満洲地域には4カ所の日本総領事館、8カ所の日本領事館、12カ所の日本領事分館が設置されていた。総領事館としてハルビン、吉林、間島、奉天、領事館としてチチハル、新京、安東、鉄嶺《てつれい》、鄭家屯《ていかとん》、遼陽《りょうよう》、牛荘《ぎゅうそう》、赤峰《せきほう》がそうである。

このうち「間島」とは聞き慣れない地名だが、現在の北朝鮮北東部にほど近い吉林省延辺朝鮮族自治州がかつての間島省であった。その中心地である延吉や龍井には満洲人の他にたくさんの朝鮮人と日本人が居住していた。朝鮮との国境が近いこともあり、日本人にとって重要な地政学的位置を占めていたため、ここに総領事館が置かれたのである。

領事館が設置される１９０９年（明治42年）以前には、朝鮮総督府の前身にあたる韓国統監府の臨時間島派出所が置かれて憲兵や警察官が配置されていたが、韓国併合後は総領事館としてよりいっそう重要な任務を担うようになった。

このころから朝鮮人独立運動家による抗議活動が激しくなり、日本総領事館に対してたびたび放火や破壊活動が行われるなど抗日運動が過激さを増していく。とりわけ１９１９年（大正８年）３月13日に起きた暴動では、多くの朝鮮人が検挙され命を落とした。

これに先立ち朝鮮本国では３月１日に「三・一運動」と呼ばれる独立運動が起きていたが、その流れを汲《く》むものである。現代の韓国ではこの日本支配からの独立運動を記念して「三一節」と呼ばれ、国の祝日に定められている。

いまも龍井に残存する日本総領事館の建物は、放火によって焼失した後に１９２６年（昭和元年）に再建されたものである。１９３８年（昭和13年）に領事館が廃止されるまでこの建物は使用され、地下室では逮捕された朝鮮人独立運動家らに対して憲兵による拷問が行われたといわれている。

神武殿（新京）

その名前から何か神道関係の施設と間違われそうだが、神武殿は柔道や剣道、弓道、合気道などの武道を演武あるいは対抗試合を行うための施設である。首都・新京に1940年（昭和15年）、紀元二千六百年を記念して建てられた。

神武殿のある場所は現在、牡丹園《ぼたんえん》という庭園の中にあるが、満洲国時代にはここはやはり牡丹公園と呼ばれていた。私が訪れたときは5月で、色とりどりのボタンやシャクヤクの花が咲き乱れ、たくさんの市民たちが訪れていた。

満洲国の建国後間もない1933年（昭和8年）には満洲における武道を振興する目的で、満洲帝国武道会が創設されている。名誉会長に国務総理が就任したことからもわかるように、満洲国における武道の発展は国の安定につながるという狙いがあったのだろう。さらにその設立目的にもあるように、日本の武道を満洲に根付かせることにより義勇公に奉ず（教育勅語）の精神を育み、質実剛健な人材を輩出させようという狙いがあった。日本が戦争へと傾斜していく時代のなかで、文字どおり日満一体化を具現することが目的だった。

武道会はそのためにさまざまな演武試合を企画した。「御大典記念全満洲武道大会」や「全満中等学校武道大会」などがそれにあたり、1939年（昭和14年）に行われた「御大典～大会」では141団体、約1500人が参加したという記録が残されている。

神武殿が落成した翌年に顧問に就任した植芝盛平は合気道の創始者として知られている（当初は「合気武術」と唱えていた）。この植芝という人物はかなり特異な経歴を持っており、しかも満洲とは因縁が深いので紹介しておきたい。

植芝は合気道の修行を積む中で大本教の教祖・出口王仁三郎《でぐちおにさぶろう》と出会い、深く心酔するようになる。そして大本教の本部がある京都府綾部町《あやべ》(現・綾部市)で合気道の道場を開いていた。このころ大本教は不敬罪を理由に当局からたびたび弾圧を受けるようになっていた。そのため教祖である出口は海外に理想郷を建設することを夢見て、秘密裏に渡満入蒙を決行することになる。このとき出口に付き従ったひとりが植芝である。そのとき植芝は40歳であった。

当時の満洲は、軍閥が各地で割拠し勢力争いを繰り広げていた。その混乱の中で出口らの一行はモンゴルの自治国建設を目指す盧占魁《ろせんかい》を支援する形で独立運動に加担するものの、奉天軍の逆襲を受けてこの運動は壊滅させられた。盧たちモンゴル人は全員が殺害され、出口ら日本人一行も銃殺される運命だったが、通報を受けた日本領事館員の介入によりすんでのところで難を逃れることができた。

この独立運動を陰から糸を引いていたのは関東軍特務機関だったといわれている。大本教信者のなかには陸海軍に所属するエリートたちも多数含まれていたことから、おそらく出口や植芝の渡満もそういうつながりから生まれた計画だったのは間違いないと推測される。

日本に帰国した植芝は軍部とのかかわりを深めていく。東京に道場を開くことになったのも竹下勇海軍大将による招請があったためだ。海軍での武道講師を長年務めたのちは、陸軍戸山学校で武道指導を担当した。身長156センチという小柄な植芝が大相撲力士を簡単に投げ飛ばしたという伝説が語り継がれたのもこのころのことである。

大本教への当局による弾圧は日増しに激しくなり、教団関係者は根こそぎ逮捕・拘禁されたが、植芝に対してはなんのお咎《とが》めもなかった。軍部や警察との特別な関係や武道振興の功績が認められていたためだろう。

その後、満洲国武道会の招きなどにより、植芝はたびたび満洲へ赴くようになった。神武殿落成と奉祝紀元二千六百年のために武道演武会に出席し、満洲国建国10周年記念式典を祝うために神武殿の道場で技を披露した。そうした功績が認められ、神武殿顧問や建国大学武道顧問などの役職を歴任することになったのである。

植芝は合気道の達人というだけでなく人間的魅力にあふれていたと思われる人物で、彼の交友関係は軍部や特務機関、武道会だけに留《とど》まらず、政治家やモンゴルの徳王、朝鮮の李王《りおう》なども含めて日中各地で信頼を勝ち取っていた。1941年（昭和16年）には近衛文麿の意を受けて蔣介石《しょうかいせき》の中華民国関係者と和平工作を担うために秘密裏に中国へ渡ったほどである。

現代の日本ではこうしたスケールの大きな人物は滅多《めった》にお目にかかれなくなってしまったが、戦前の満洲には日本という小さな枠に収まり切れない人物が大陸浪人を含めて多数かかわりをもっていたのである。

東本願寺新京別院（新京）

日露戦争後の1905年（明治38年）頃から日本の仏教各宗派による中国大陸への布教活動が活発化していった。従軍布教使と呼ばれ、軍隊への慰問や現地での伝道が主な目的である。浄土真宗本願寺派や同大谷派、日蓮宗などの主な宗派の他、キリスト教会などもこれに加わった。

日本政府もこの動きをバックアップし、1915年（大正4年）には中華民国政府に対して出した「対華二十一か条の要求」のなかで中国大陸においての日本人による布教権を要求している。これは布教による住民の宣撫がいわゆる文化工作として効果があることを政府が認めていたためだろう。

結果的にこの項目は取り下げることになったが、仏教各派は関東州や満鉄附属地において布教活動を拡大し、満洲各地に寺院を建立していった。１９３２年（昭和７年）に満洲国が建国されると「満洲開教」ということが叫ばれて、開拓のために海を渡った日本人や現地住民に対して積極的に布教活動が行われることになった。とりわけ浄土真宗大谷派（東本願寺系）は「拓事講習所」を開設して僧侶を派遣し、彼らは「開拓屯田兵」ならぬ「開拓屯田僧」と呼ばれた。内地から移民してくる日本人の精神的よりどころになるのが目的であり、右も左もわからない日本人移民にとってみればそういった寺院や布教所は心強い存在であったにちがいない。

１９３４年（昭和９年）には大谷光暢《こうちょう》法主が満洲巡回に出て、皇帝・溥儀に謁見し、また軍の慰問を行った。法主の妻である智子《ともこ》は、昭和天皇の皇后（香淳《こうじゅん》皇后）の妹にあたるため、法主の巡回は単なる仏教宗派の代表の派遣という意味を越えて皇室行事の一環という位置づけでもあったのだろう。

首都の新京に１９３７年（昭和12年）、東本願寺別院が建立されたのはそのような一連の流れのなかにあった。日本の伝統的な仏教寺院建築である入母屋造《いりもやづく》りの本堂は、現在も長春市の中心部に残存しているが、何年か前にこの建物を巡る騒動が起きている。

この新京別院の建物は戦後、「長春市級文物保護単位」すなわち市の無形文化財に登録されていたのだが、土地開発業者によってあわや取り壊されようとする寸前に市民が気付いたため、破壊は免れたというものだ。それでも建物の一部や屋根がかなり損傷を受けた。私が訪れたのはその開発計画に対して市から中止命令が出された直後のことで、工事が中断されたままの姿で放置されていた。

長春市や中国政府はこうした満洲国時代の遺構を貴重な文化財として捉えているだけでなく、日本が中国大陸を侵略した証拠として保存している。

奉天鉄西区工業地帯（瀋陽）

奉天はもともと人口が多いうえに交通が発達していたこともあり、商工業が盛んだった土地柄である。だから経済を発展させながら街づくりを進めていきたいと願う満鉄にとっても重要な場所であった。辛亥《しんがい》革命によって清朝が滅びて間もない混乱期であるにもかかわらず、「その先」を見据えていた満鉄は奉天駅の西側に広がる荒れ地を購入している。１９１８年（大正7年）のことであった。

満鉄はここ鉄西区を満洲における工業地帯とすべく、積極的に民間企業を誘致した。当初の主な企業は、東洋拓殖や満蒙《まんもう》商会などの国策の植民事業会社を中心として、その関連会社である満蒙毛織や奉天製麻などの軽工業であった。その後、１９３６年（昭和11年）には鉄西区で操業する工場は36にまで増えた。

この地が名実ともに満洲一と呼ばれる工業地帯に変貌したのは、１９３７年（昭和12年）に関東軍によって発表された「満洲産業開発五カ年計画綱要」以降のことである。この計画は関東軍の他に満洲国政府、さらに満鉄によって協議され、策定されたものである。その概要はというと、国と民間の資金によって企業の育成を図り、満洲国における生産性を引き上げるというものだ。

目的は、有事に備えての現地生産のラインを整え、満洲国内における自給を可能にし、余剰な生産物を日本国内へ輸出していくというものである。つまりこれから戦争が拡大していくことを見据えてのものであり、日本や満洲国はそのような世界情勢からもはや逃れることはできないことを覚悟した決定だったといえる。

運輸・交通産業はもちろんのこと、農林水産業の振興も自給という点からこの計画では重視された。しかしとりわけ重点が置かれたのは、武器製造にも直結する金属工業や機械工業などの重工業の促進・発展であった。そのような官民が協力しての統制経済によって、1939年（昭和14年）には鉄西区で操業する工場数は191にまで増加することになった。わずか3年間で工場数は5倍以上、生産総額に至っては7倍という驚異的な経済成長を見せたのである。

ここで生産されるものは、ビール、酒、醤油《しょうゆ》、ビスケットといった食品から、鋳物、金属製品、製鋼、塗料、電気器具とあらゆるものに及んだため、産業革命になぞらえて「東洋のマンチェスター」と呼ぶ人もあった。そして鉄西区での経済成長に引っ張られるように、奉天の満鉄附属地などでも続々と工業が興った。

これはまったくの余談だが、漫画「あしたのジョー」の作者として知られるちばてつやは終戦時に6歳であったが、父親は鉄西区にある新大陸印刷という会社で働いていた。

その後、日本が敗戦してからは、鉄西区にある企業や工場群は中国共産党政府に接収されたことにより、新中国のいち早くの工業化と物資生産に多大な貢献をしたといわれている。1950年代には1000を超える工場に百万人の労働者を抱える中国国内でも屈指の工業地帯となった。

1990年代以降、中国が目覚ましい経済成長を遂げて都市の再開発が積極的に行われるようになると、重工業を担ってきた半国営企業は次第に衰退へ向かうことになる。工場は次々と閉鎖され、解体されて更地となり、その跡地には続々と高層マンションなどが建設された。現在、この地を歩いてみても、ときおり古い工場や鉄道の引き込み線は見かけることがあっても、往時の重化学工業の痕跡を見つけるのは難しい。

ただ、中国工業博物館が新しくオープンしているので、そこを訪ねればかつて存在した工場群の輝く日々を少しだけ感じることはできるだろう。ここは1933年（昭和8年）操業の松田鉄工所や満洲鉛板など12の日系工場の施設をもとに博物館として整備したもので一般公開されている。

文官屯《ぶんかんとん》神社の鳥居（瀋陽）

奉天（瀋陽）の北部は戦前に勢力を拡大した軍閥の張作霖《ちょうさくりん》・張学良の本拠地ともいえる場所である。軍事のいっさいを司《つかさど》る東北軍の「北大営」をここに置いた。満洲事変が起きた場所からも近い。

張作霖はかつての奉天軍が所有していた東三省兵工廠を接収した後、奉天造兵所を設立・運営し、兵器を製造していた。1923年（大正12年）に日本陸軍は兵器を製造するための「陸軍造兵廠」を各地につくったが、満洲においてはこの奉天造兵所の近くに「南満陸軍造兵廠」を設けることになった。

南満陸軍造兵廠はやがてこの奉天造兵所を傘下に置き、また満洲三菱機器や大連機械製作所など14の民間会社の協力を得ながら、小銃や機関銃、戦車、また弾薬などの兵器を製造する一大軍需産業として発展することになるのである。最盛期には8000名もの日本人がここで働いていたといわれている。

文官屯と呼ばれたこの地には当然ながら社宅なども建ち並び、街としての機能も備えていたことだろう。学校もあれば神社もあった。満洲にはこれまで合計で295カ所の神社が建立されたことがわかっているが、建国の1932年（昭和7年）以降にその数は急増していった。「日満一体化」の方針の下、皇民化教育に神社は欠かせない装置であった。皇帝・溥儀が日本の天照大神を満洲国の祭神として祀ることを決め、建国神廟を建立して以降、その勢いはさらに増した。

日本人の精神のよりどころであるこうした神社を満洲各地に建てていくという行為は、現地の人には日本による精神の侵略であると受け取られても仕方がないだろう。実際、日本が戦争に負けると同時に、満洲各地では暴動が起き、真っ先に神社が放火されて引き倒されたところが少なくなかった。

満洲国の残影を求めて各地に残る建物を探しまわったが、神社の鳥居がそのまま立った状態で残存しているところは私の知るかぎり2ヵ所だけである。（引き倒されて地面に置かれているものは他に数ヵ所あるが）そのうちのひとつがこの文官屯神社の鳥居である。

実はこの鳥居を探し出すのはちょっとした苦労だった。というのは、私は戦前に発行された市街地図を元に建築物の所在を割り出していたのだが、文官屯にあったはずの南満陸軍造兵廠は地図のどこにも掲載されていなかったからである。しかし考えてみればそれは当然のことで、軍需工場それも兵器製造工場の場所などはマル秘扱いなのだから。

現在、残存している鳥居のある付近は「遼寧《りょうねい》兵器工業職工大学」および「東基集団有限公司技工学校」の敷地になっている。中国のおもしろいところは、かつて日本が兵器を作っていた同じ場所に、戦後になってから兵器のことを教える大学を置いていることだ。

鳥居は実はもうひとつこの大学の敷地内にも残存している。ただ一般人は立ち入り禁止なので近寄ることはできないが、周囲に張り巡らされた柵の隙間からのぞき見することはできる。

もう1ヵ所残存している鳥居というのは、新京（長春）にあった新京神社である。こちらは神社の本殿も残されているが、幼稚園の私有地内でありやはり立ち入ることは難しい。ただし鳥居そのものは幼稚園の門の一部として使用されているので、外側から見学することは可能である。

満洲国立公主嶺農事試験場（公主嶺）

南満洲鉄道株式会社（満鉄）が設立された3年後、満鉄は熊岳城（現在の遼寧省営口市）に果樹や蔬菜《そさい》を研究する試験場をつくった。それに続いて1913年（大正2年）には農畜産業全般の研究のために新京に近い公主嶺に200ヘクタールもの敷地を確保し産業試験場（のちに農事試験場と改称）を置いた。農業改良の研究機関の設置を強く進言したのは満鉄初代総裁の後藤新平だといわれている。

満鉄の表向きの顔は鉄道会社だが、実際は日本が満洲における植民地経営を肩代わりさせるための国策会社であり、その事業は実に多岐にわたっていたことはすでに触れたとおりである（6章「大連① 日本からの玄関口」を参照）。

日本の3倍もの面積を持つ満洲では昔から良質の大豆が栽培されていた。日本が満洲を手に入れようとした背景には、そうした食糧庫としての意味合いもあったのだろう。後藤が農事試験場の経営に手を出そうとしたのは、満洲を農業大国に育ててその農産物を鉄道輸送し、同時に日本や海外へ輸出することによって何重にも利益を出そうという構想から来ていると思われる。

満鉄が設立した公主嶺農事試験場には、種苗科、農芸化学科、病理昆虫科、家畜科が置かれた。そして農業畜産物の増産や品種改良に関する試験研究が行われることになった。公主嶺の緯度はほぼ札幌《さっぽろ》と同じであることから、栽培できる品目も似ているということで、試験場長には主に札幌農学校など現在の北海道大学農学部の教授らが招聘《しょうへい》されている。

満洲大豆は良質であったが、地域ごとに栽培品種が異なっている関係で、換金作物としてみるとその混合具合によって品質が一定していないという弱点があった。このため大豆の品種改良に力が注がれた結果、「黄宝珠」という優れた品種が生み出され、満洲中央部地域ではこれが主力産品として育っていくことになった。

大豆は世界的に需要が増加していた時期であり、満洲で生産された大豆の多くは国際競争力を持つ重要な農作物としての地位を築き上げることになっていく。私たちは大豆というとすぐ思い浮かべるのは豆腐と納豆、味噌《みそ》ぐらいのものだが、大豆を圧搾すると大豆油を取ることができ、残渣《ざんさ》は大豆粕《かす》となる。大豆油はマーガリンの原料としてヨーロッパで需要があり、大豆粕は日本で肥料として重宝された。

１９２１年（大正10年）の統計では年平均の大豆輸出量は約３００万トン。これが１９３１年（昭和６年）になると６１４万トンと倍増する。そのころ大豆を扱っていた商社に鈴木商店があったが、この会社は後に豊年製油となった。

満洲国財政部が１９３９年（昭和14年）にまとめた「満洲国外国貿易統計年表」を見ると、産品別の輸出額は第1位が大豆で全体の40パーセント、第2位が大豆粕で11パーセント、第3位が石炭で10パーセント、第4位が大豆油で5パーセントとなっている。つまりこの数字だけからもわかるように、満洲国の輸出額の半分以上が大豆とその関連品目で占められていたのである。

なお１９３ページの写真の建物は公主嶺農事試験場内に残存している羊舎で、ここには第一から第三まで三つの羊舎があった。満洲ではもともと羊は飼われていたものの食用であり、羊毛はあまり取れない種類であった。農事試験場ではヨーロッパから羊毛用の種類を取り寄せ、掛け合わせながら改良を行ったという。

関東軍東寧要塞とハイラル要塞

現在の中国とロシアの国境は、戦前は満洲国とソ連との国境であった。日本の防衛という観点からすれば、満洲の大地は敵国のソ連との間に横たわる緩衝地帯として見ることができるかもしれない。実際、軍部はそのように考えていたことだろう。

この満洲国とソ連との間の国境付近に関東軍は14カ所の要塞を築いたといわれている。そのなかでも、現在の黒竜江省綏芬河《すいふんが》市から近い「東寧要塞」と内蒙古《うちもうこ》自治区フルンボイル市海拉爾《ハイラル》にある「ハイラル要塞」は最大の規模を誇った。

地図（32ページ）を見れば一目瞭然だが、満洲国を東西に横断するロシアが建設した東清鉄道は、綏芬河と満《まん》洲《しゅう》里《り》を結んでいる。この東清鉄道はウラジオストックとチタを結ぶものであり、満洲国を挟んで北側に建設されたシベリア鉄道とはチタで接続している。ハイラルはその東清鉄道の沿線にあり、西部でロシアと国境を接する満洲里から近い。そのため地政学的にロシアとは目と鼻の先にあり、また兵員を大量輸送できる東清鉄道沿線上の東寧要塞とハイラル要塞の二つが最も重視されたのである。

ハイラルという街は周囲をぐるりと山に囲まれている盆地で、街を防衛する形でそれらの山々に5カ所の陣地が築かれた。それらを総称してハイラル要塞と呼ばれるが、ソ連の侵攻に備えた防衛的色彩の強い陣地であり、要塞の守備には関東軍第8国境守備隊があたった。

それら要塞のうち街の北部にある「北山要塞」は現在でも比較的原型を留《とど》めているといわれ、中国政府により復元整備されて「世界反ファシズム戦争ハイラル記念園」として一般公開されている。この要塞は塹壕《ざんごう》を築くというよりは地面を掘り下げてつくった地下要塞である。

狭い階段を20メートルほど下りていくと、地下道が張り巡らされており、司令室や士官室はもちろんのこと、医療室や通信室、発電室、食糧庫、弾薬貯蔵庫までつくられ、長期間地下で生活できるようになっている。コンクリートを流し込んでつくった実に堅牢《けんろう》なものだ。電気や給水も各部屋に備えられていたという。

壁面には、「被鉛線に触れるな」「暖房用貯水槽《そう》（飲用を禁ず）」「開閉」と書かれた日本語の注意書きが残されている。この要塞は１９３７年（昭和12年）に竣工し、工事期間の3年間で約2万人の中国人労働者が死亡したと中国語の案内板には解説されていた。

ハイラルといえばそこから南へ２４０キロ行ったところが「ノモンハン事件」が起きた現場である。ノモンハン事件については多くの書物や資料も出ているのであえて深く言及はしないが、１９３９年（昭和14年）にソ連との間で起きた最大級の国境紛争のひとつである。日本軍（関東軍）と満洲国軍が、モンゴル人民軍とソ連軍を相手に、外蒙古《もうこ》（当時のモンゴル人民共和国）との国境を巡って戦った。

満洲国とモンゴルとの国境は従来、ハルハ川の北側数十キロのところに定められていたのだが、満洲国建国後に関東軍は「国境はハルハ川である」と主張。それで１９３４年（昭和9年）前後に、東洋史学者や満洲国外交部、治安部などが現地調査を行った。その結果、従来の国境線が正しいことが確認されたが、関東軍がこれを認めようとしなかったのである。

関東軍がモンゴル領に侵攻して両陣営の戦闘が始まったとき、北山要塞を守備していた速射砲隊などが出撃を命じられた。このときの兵力はソ連が日本の3倍以上を誇っていた。そのわりに死傷者数は両陣営とも約1万5０００人前後と互角の戦いであったが、前線には飲用水もなく泥水を口にしながら戦うありさまだったという。

奉天俘虜《ふりょ》収容所

第二次世界大戦中、日本軍は国内に約１３０ヵ所の俘虜収容所をつくったが（分所や分遣所も含む）、植民地であったアジア諸国においても同様の施設を多数建設した。満洲国にもいくつかの収容所が置かれたが、そのなかでも奉天俘虜収容所は最大規模のものであった。

戦後になってから在瀋陽アメリカ領事館員らによる調査で、奉天（現在の瀋陽）へは1942年（昭和17年）11月にフィリピンのマニラから朝鮮の釜山経由でアメリカ人捕虜1202人が連行され、収容されたことが明らかになっている。終戦までにアメリカ、イギリス、カナダ、オーストラリアなどの6ヵ国の連合国軍兵士捕虜約2000名が奉天俘虜収容所に収容された。

収容所は当初、半地下の劣悪な環境だったこともあり、その冬に200人以上が死亡してしまったため、1943年（昭和18年）になってから現在も遺構として残る兵舎があらたに建設された。

日本軍は開戦当初、連戦連勝の勢いであったため、約35万人もの連合軍捕虜を抱えることになった。このため日本政府は急遽《きゅうきょ》、1907年（明治40年）に制定された戦時国際法であるハーグ条約に基づく捕虜に対する人道的扱いについて順守する必要性から、陸軍省に「俘虜情報局」「俘虜管理部」を置いた。

奉天俘虜収容所に収容された欧米人捕虜の多くは、奉天にあった満洲工作機械（MKK）や高井鉄工、満洲皮革、満洲帆布、中山製鋼所、東洋製材などの日本の会社で労働奉仕させられたことがわかっている。これは戦時下における労働力不足を補うための日本政府による方針でもあった。

アメリカ人の歴史研究家であるリンダ・ゲッツ・ホームズによる著書『Guests of the Emperor（天皇の客）』には奉天俘虜収容所から帰還を果たした元捕虜たちの証言が収められているが、あからさまな拷問などは認められていない。ただし捕虜たちが生体実験のために満洲第七三一部隊へ送られた可能性について言及されている。

1943年（昭和18年）に現在の地に建設された3棟の収容所監舎のうち1棟は完全な形で残っている。中国政府はここを「瀋陽二戦盟軍戦俘営旧《きゅうせき》蹟陳列館」として保存すると同時に一般公開している。

撫《ぶ》順《じゅん》炭鉱

奉天（現在の瀋陽）の東約40キロのところにかつて「炭鉱の都」と呼ばれた撫順がある。この地で採炭される石炭はボイラーで燃焼させてもほとんど灰が出ないために熱効率が良く、燃料として大変優れたものだった。最初は中国人によって１９０１年（明治34年）頃から開発されたが、日露戦争により石炭の需要が高まるとロシアによって鉄道附属地に組み込まれ、東清鉄道で運行する蒸気機関車の燃料として採掘が行われるようになった。

日露戦争後のポーツマス条約により、撫順炭鉱の採掘・開発権は日本に移ったため、満鉄が炭鉱を傘下に収めて経営することになった。当初、清国はこの決定に反対していた。なぜならもともとは中国人が経営していたものをロシアが奪ったものであり、また撫順は南満洲鉄道の線路から40キロも離れており満鉄附属地とするには無理があったためである。このため日本と清国は１９０９年（明治42年）に「満洲五案件に関する協約」を結び、日本の撫順炭鉱の所有を認める代わりに、清国の主権を認めて納税することを取り決め、日本が自らの主張を押し通すことに成功する。

良質な石炭を産する岩層は世界的に見ても大きなもので、推定埋蔵量は6億トンを超えるともいわれた。露天掘り、および坑内掘りともに開発が進められ、とりわけ千金寨《せんきんさい》という地区には巨大な石炭層が眠っていることが認められた。千金寨は最初、市街地として開発されたが、その下に鉱脈があるために満鉄はあらたに永安台に街を建設して移転するほどであった。１９２８年（昭和３年）のことである。

満鉄が鉄道を利用した事業では、大豆、石炭、そして乗客の輸送でそのほとんどが占められていたが、鉱工業の経営にも直接かかわり、この撫順炭鉱と鞍山《あんざん》の製鉄所（のちの昭和製鋼所）がその双璧である。

満鉄が経営を開始した1907年（明治40年）頃には撫順炭鉱の採掘量は年間20万トン程度であったが、その後1937年（昭和12年）には1033万トンにもおよんだ。これは満洲国全体の約8割に相当し、中国大陸全体でも3割にあたった。終戦までに日本は合計で約2億トンを超える量の石炭を採掘したといわれている。

また撫順炭鉱では他にもオイルシェールなどの鉱物資源も豊富で、そのための石油化学工業やコンビナートも建設されていた。実際にここで精製された石油が戦闘機などに使用されている。

撫順炭鉱は現在も採掘が続けられており、その最大の「西露天鉱（当初は古城子鉱と呼ばれていた）」は東西6・6キロ、南北3キロ、深さ300メートルを誇り、その露天掘りの外縁から全貌を見わたすことができる。私が訪れた2016年時点では坑内に線路が敷設され、実際にディーゼル機関車が石炭を積んで走っているのを確認している。

採掘量が年々増していくなか、大連の甘井子《かんせいし》に新たな埠頭《ふとう》が完成した。満洲域内だけでなく、海外からの需要に応えるためである。甘井子埠頭は主に石炭輸出のために建設された専用港で、ここから日本や朝鮮へ撫順炭は運ばれることになった。

終戦直前の1944年（昭和19年）には、石油化学工業なども含めた撫順炭鉱関係者の数は日本人だけで約1万人を数え、中国人労働者は7万人を超えていた。中国人の多くは人口が過密な河北省や山東省からの出稼ぎだったといわれている。その規模から「炭鉱の都」と呼ばれたのもうなずけるだろう。

しかし満洲国や日本のエネルギーを支えた撫順炭鉱は「負の歴史」も同時に持っている。それは建国の年の1932年（昭和7年）、「日満議定書」が結ばれて満洲国が日本の半植民地状態に置かれることが決定された夜のことである。その日、何者かの集団が炭鉱関係者を襲撃し、5人の日本人が惨殺された。

犯人は「反満抗日」を企《たくら》む中国人に違いないということで、関東軍の守備隊が出動し、撫順炭鉱の近隣にある平頂山村にいた村民を報復のために皆殺しにした。これは中国側では「平頂山事件」と呼ばれており、戦後になって発掘調査が行われ、多数の人骨が発見されている。

この場所には現在、中国政府によって「平頂山惨案遺跡紀念館」が建設され、発掘された状態の人骨がそのままの形で展示されている。中国側は死者の数を３０００人と主張しているが、当時の守備隊にいた元兵士の証言などから実際には６００人前後だったと推定される。

旅順工科大学

満洲における中等・高等教育は実業や専門課程を重視する傾向が強かった。新しい国においての基礎となる即戦力の人材を早期に育成する必要があったからである。１９０５年（明治38年）に大連や旅順を含む日本の租借地である関東州が設立されてすぐ、その5年後には4年制の旧制専門学校である「旅順工科学堂」が設置され、機械工学、電気工学、冶金学、採鉱学などの学科が置かれた。

１９２２年（大正11年）には大学令による単科大学としては日本で最初となる官立工科大学に昇格し、学科も後に応用化学や航空工学など工業系の総合大学として発展していく。東京工業大学、大阪工業大学（現在の大阪大学工学部）と並んで「三工大」と呼ばれ、名実ともに日本を代表する工業系の大学となった。

戦後はソ連に接収された時期もあったが、現在は「中国海軍第４０６医院」として使用されている。建物自体は１９０３年（明治36年）にロシアによって建てられた海兵団の施設であるが、１２０年近くたっても原型をほぼ留めながら美しく改修されている。

旅順工科大学と同時期に開校された高等教育機関としては、南満医学堂（のちの満洲医科大学）や南満洲工業専門学校、満洲教育専門学校などがある。

満洲国の建国以降は、最高学府である「建国大学」（１９３７年に設置）をはじめ、官吏を育成する「大同学院」（１９３２年）、「新京医科大学」（１９３８年）、「新京法政大学」（１９３９年）、「ハルビン学院」（１９４０年）と次々に大学がつくられていった。なかには満洲国在留のロシア人のための「北満学院」という大学も存在した。

満洲国で栄えた映画文化

戦前の大衆娯楽といえば映画がダントツの人気であった。大正時代には無声映画しかなかったがそれでも新しい映画がやってきたとなると人々は映画館に殺到したという。音が出る「トーキー映画」の時代になるとその流れは加速する。

１９２８年（昭和3年）には昭和恐慌が起こり、庶民の賃金は下がり失業者も増加したが、映画人気はそのような状況でも右肩上がりで、労働者も学生もインテリも関係なく実に幅広い層の人たちが熱狂の渦の中にあった。１９２６年（昭和元年）には国内に約１０００軒の映画館があったが、１９４０年（昭和15年）には２４００軒とわずか15年間で2・4倍に増えたことからもそれがうかがえるだろう。

いっぽうで満洲国に視線を移すと、建国当初の１９３２年（昭和7年）に30軒だった映画館は１９４１年（昭和16年）になると１５０軒にまで増加している。こちらは10年間で5倍である。ただ満洲国では映画館は「日系館」と「満系館」とで経営がわかれており、地域によっても異なるがだいたい半々であった。日系館では主に日本映画や欧米映画を、満系館では主に上海映画や満洲映画が上映されていた。

首都の新京には11の映画館があり、そのうち6軒が日本人の経営であった。豊楽劇場（198ページ）は日本人経営の映画館のひとつで、国泰電影院（199ページ）は満人の経営である。両方とも現在の長春の市街地に残存しており、豊楽劇場は万千眼鏡城という名の眼鏡販売店になっている。国泰電影院は大衆劇場という名の舞台として使用されている。

満洲国では映画製作も行われた。1923年（大正12年）満鉄は大連に「映画班」を設立し、軍事記録映画の製作を行った。その目的が軍国主義の宣伝と国威発揚にあったことに疑いの余地はなく、満洲事変が起きた1931年（昭和6年）には「9・18事変」という映画をつくった。

その後、満鉄と日本政府が資本金を半分ずつ出す形で満洲映画協会（満映）ができたのは1937年（昭和12年）のこと。大衆娯楽としての映画の人気はすさまじく、これを統治に利用しようと考えるのは当然の成り行きであるだろう。

当初は国策会社として満洲国の正統性をアピールするのが目的だった。初代理事長には清朝の末裔《まつえい》である粛《しゅく》親王《しんのう》の息子である金壁東《きんへきとう》が就任した。ちなみに金は、皇帝・溥儀《ふぎ》の妻である婉容《えんよう》を秘密裏に匿《かくま》われていた天津から脱出させた「男装の麗人」川島芳子の腹違いの兄にあたる。

ところが映画自体はあまりぱっとせず、人気も出なかった。それはそうだろう。「日満親善」「五族協和」「王道楽土」といった満洲国のプロパガンダに沿った映画なんておもしろいわけがない。そもそも満洲国はあまりにも国家と呼ぶには不完全であり、誇りうるような文化的土壌もまだできていなかった。そのような状態のまま満洲国を表現する映画をつくるなど無理な話である。

2代目理事長に就任したのが甘粕正彦《あまかすまさひこ》である。甘粕はよく知られているように憲兵大尉のときに無政府主義者の大杉栄と妻の伊藤野枝《いとう》、そして伊藤の6歳の甥《おい》を殺害したいわゆる「甘粕事件」の首謀者として服役した過去を持っている。ただ甘粕の供述から、犯行は単独犯ではなかったか、あるいは他人の罪をかぶった可能性もあることは後に指摘されている。

短期間で出獄した後は陸軍の費用でフランス遊学に出て、そのまま満洲入りした。警察機関トップなどを経て長らく特務畑を歩み、満洲事変では数々の謀略に加担したといわれている。皇帝・溥儀の一生を追った映画「ラストエンペラー」では坂本龍一が甘粕役を演じている。

その甘粕を満洲映画協会に呼んだのは、当時総務庁次長の席にあった岸信介たちである。特務機関と映画では一見まったくの畑違いに思えるが、よく考えてみると謀略や宣撫《せんぶ》というのは「裏の宣伝」みたいなもの。岸は甘粕にそのような能力があることを見抜いていたのだろう。

甘粕はスタッフに「満人がおもしろがってくれるような映画を」と注文を出し、満人スタッフの給料を日本人に近づけ、監督に満人を抜擢《ばってき》するなどした。満洲の人にまず映画を見てもらうためには、彼らのやる気を引き出し、彼らなりのやり方で映画を製作しなければいけないという思いがあったのだろう。

満映は終戦までの8年間に1000本近くの映画を製作した。そのうち半分は時事ニュース映画だが、残りは主に満人監督による「娯民映画」(劇映画)と日本人監督による「啓民映画」(文化映画)であった。啓民映画とは日本の植民地政策や満洲の国策などを取り上げたものである。

満映からはスター女優も誕生した。李香蘭《りこうらん》である。奉天生まれの李はれっきとした日本人だが(本名は山口淑《よし》子《こ》)、流暢《りゅうちょう》な北京語を話し、美しい歌声とエキゾチックな容貌が相まってたちまちスター街道を駆け上がることになった。日本人も満人をはじめとした中国人もみな彼女を満人であると思い込んでいた。

終戦を迎えたとき、李香蘭は祖国を裏切った漢奸《かんかん》の容疑で軍事裁判にかけられたが、すんでのところで日本人であることが証明でき、国外追放処分になった。戦後は日本でも女優・山口淑子として活躍し、また参議院議員も務めた。

いっぽう甘粕は日本の敗戦が決まった5日後に満映理事長室で青酸カリを呷《あお》って自殺した。甘粕は晩年、その硬骨ぶりから関東軍には疎まれるようになっていた。またその経歴から同時にたいへん恐れられていたともいう。しかし実際には彼を慕っていた人も多く、葬儀には日本人・中国人を問わず３０００人もの人たちが参列した。

甘粕の辞世の句、「大ばくち身ぐるみ脱いで　すってんてん」は自身と満洲国を重ね合わせて表現した句として見事に本質をついており、理想と現実のはざまで生きた人間の生きざまを見事に言い表している。

満蒙《まんもう》開拓団第一次試験移民の「弥栄村《いやさかむら》」

黒竜江省北部の街、佳木斯《ジャムス》市はロシア国境から百数十キロのところに位置している。その佳木斯市から列車で30分ほど南下した孟家屯《もうかとん》駅周辺が「満蒙開拓団」の第一次試験移民が送られた「弥栄村」である。私がここを訪れたのは年が暮れようとする時期で、日中でも気温が氷点下を指したままであった。

当時の日本人が暮らしていた木造家屋などはもちろん残っていなかったが、それでも中国人の農民が住んでいるであろう平屋建ての簡素な家を見て歩いていると、雪景色ということもあるのだろうがなんとなく当時の暮らしぶりなどが想像できるようだった。

満洲国が建国されると同時に満蒙開拓団の移民送り出しが始まり、それは敗戦時まで続いたのだが、この計画を構想したのは関東軍大尉の東宮鐵夫《とうみやかねお》である。東宮は1928年（昭和3年）に起きた張作霖《ちようさくりん》爆殺事件に河本大作大佐と共に関わった人物だといわれている。

東宮は1920年（大正9年）の日本軍シベリア出兵に参加しており、このときソ連のコサック兵がシベリアで農業を営みながら国境を守備する武装農民であることを知り、同じような制度を日本でも導入しようと考えついた。そして農本主義者として国民学校の卒業生を朝鮮や満洲へ送り出していた加藤完治と共に満蒙開拓団の計画を推進していった。

当初の試験移民たちは、兵役を終えた在郷軍人のなかから募集した。そして武器を携帯して満洲へ渡った。なぜなら満洲の大地は確かに広大で地方では人口密度が低いけれども、けっしてそこは無人の荒野というわけではないからだ。そこには土地を耕して生きている先住の農民が存在している。その土地を日本政府は強制的に廉価で買い上げて、満蒙開拓団に分け与えようとしたため、それに反対する人たちから襲撃を受ける可能性があった。

開拓団員や日本政府はそういった抗日活動を行う人たちのことを「匪賊《ひぞく》」と呼び、武力で対抗したのである。第一次試験移民として弥栄村に入ったのは493名。最初の頃は集団生活を営みながらの入植だった。おそらく自衛の意味合いが強かったのだろう。実際に入植の翌々年には土龍山事件という土地収奪に反対する現地民からの襲撃事件が起きている。

満蒙開拓移民の数が飛躍的に増加したのは1936年（昭和11年）に入ってからのことである。その年、満洲への移民政策に否定的な考えを持っていた高橋是清首相が二・二六事件によって暗殺された。そして軍部が主導権を握った直後に成立した広田弘毅《こうき》内閣は「満蒙百万戸入植計画」を策定。今後20年間で満蒙開拓移民を100万戸、500万人送り出す計画が正式に国策として実行に移されることになったのである。

その結果、敗戦までに約27万人の日本人開拓民が海を渡り満洲へ移住することになった。移民は第14次まで募集されたが、後半になるにつれて移民先はソ連国境の近くに設定されていくことになる。満蒙開拓団の募集目的を国民向けには「日本国内の農村を更生させるため」と説明していたが、実際には「対ソ防衛のための駒」として移民を使おうと考えていたことはこのことからも明らかである。

1938年（昭和13年）からは、「満蒙開拓青少年義勇軍」の送り込みも始まった。数え年で16歳から19歳までの男子に農作業などの訓練を施したうえで満ソ国境沿いに配置しようとした計画である。前年に日中戦争が勃発しており成人男子を確保することが難しくなっていたという事情もあった。8万6000人もの若者がこうして満洲へ向かった。

葫芦《ころ》島在留日本人大送還の碑

1945年（昭和20年）8月9日。すべてが終わった。日本が正式にポツダム宣言を受諾するのはその何日か後だが、実質的に満洲国はこの日で崩壊したといってもよいだろう。日ソ中立条約を破ってソ連が満洲に侵攻してきたからである。

「泣く子も黙る関東軍」と恐れられた関東軍の姿はどこにもなかった。ソ連侵攻の報をいち早くキャッチした彼らは真っ先に特別列車を仕立てて朝鮮経由で日本に向かっていた。ソ連侵攻の知らせは在留邦人には知らされなかった。国境沿いに定着している満蒙開拓団を人間の防波堤として使い、ソ連の南下を少しでも遅らせるためである。

開拓村は次々とソ連兵に襲撃された。金目のものは略奪され、男は殺され、女は凌辱《りょうじょく》された。開拓民たちは足手まといになる子どもに毒を飲ませて殺し、あるいは満人らに売り、半狂乱の状態で逃げ惑った。全員で青酸カリを呷《あお》って集団自決した村もあれば、ソ連兵の機銃掃射で全滅した村もある。この世に地獄というものがあるとすれば、崩壊しつつある満洲はまさに生き地獄だった。

敗戦時に満洲に取り残された日本人は170万人とも155万人ともいわれている。満洲国が崩壊した後も、中国共産党と中国国民党はいまだ内戦状態にあり、そこに暮らす人たちの身の安全は誰も保証できない状況だった。ソ連はそのような権力の空白部を狙って南下を続けていた。

8月14日、外務省は「居留民はできるかぎり定着の方針をとる」という文書を発表した。26日には大本営が「満鮮に土着する者は日本国籍を離れるも支障なきものとす」と発表。つまり外地に居住している日本人はそこで定住して日本へは戻ってくるな、ということだ。日本政府はいわば棄民政策をとることを決定していたのである。

情報統制によってそのことすら大多数の日本人難民たちは知らなかったに違いない。いつ日本へ帰ることができるのか、不安な毎日だったことだろう。そのうち秋が来て冬になった。中国東北部を旅したことのある人ならわかると思うが、満洲は寒い土地である。緯度が高いうえに内陸の大陸性気候のため冬は日中でも氷点下の日が続いたりすることもある。

満蒙開拓団のなかには所持品をすべて奪われたため、肥料を入れる袋に穴をあけて服の代わりにして野宿を続けていた人も少なくなく、冬の寒さはさぞ身にこたえたことだろう。発疹《はっしん》チフスや肺炎に罹《かか》って病死したり、凍死、餓死、発狂する人が続出した。27万人の満蒙開拓団のうち約8万人が最初の冬を越すことができずに死亡したといわれている。

満洲からの脱出行についてはは戦後その体験者によっていくつかの書物が出版されているが、一冊だけ読むとしたら藤原てい著『流れる星は生きている』（中公文庫）をお勧めしたい。著者は満蒙開拓団員として満洲へ渡ったのではなく、夫が新京の観象台（今でいう気象台）勤務になった関係で満洲に居住していた。職場が役所関係だったためか著者はいち早く特別列車で朝鮮に入ったため、開拓団のような悲惨な目にはあっていない。それでも子ども3人を抱えての逃避行の苦労は涙なくして読めないものだ。なお著者の夫とは、帰国後に作家となって精力的に作品に取り組んだ新田次郎である。

年が明けてもいっこうに引き揚げは始まらず、在留邦人を取り巻く情勢は悪化するいっぽうだった。この満洲の状況をなんとか本国に伝えなくてはと動いた男たちがいる。鞍山の昭和製鋼所に勤務していた丸山邦雄とその友人の新甫《しんぽ》八朗、武蔵正道の3人である。丸山らは懇意にしていたカトリック教会の司教らの手引きで天津から密出国して日本へ戻った。そして幣原喜重郎《しではらきじゅうろう》首相や吉田茂外相、佐藤栄作鉄道総局長官らに面会して、170万人もの満洲在留邦人の早期帰国を訴えた。

しかし吉田茂に「主権が奪われた状態ではわれわれにはどうすることもできない」と言われ逆に発奮。直接マッカーサー連合国軍総司令官に面会を申し込むのである。そのいっぽうで丸山は「救済代表団」を組織して、満洲難民を帰国させるための受け皿づくりに奔走する。

マッカーサーと直談判《じかだんぱん》したことによって事態は急展開し始めた。米軍が輸送艇を派遣することを最終的に同意するのである。丸山は戦前にアメリカに留学した経験があり語学に堪能だったばかりか、おかしいことにははっきりとおかしいと主張する正義感あふれる人柄だった。その直球の想《おも》いが相手に届いたのだ。

こうして「葫芦島在留日本人送還事業」は開始されることになったのである。

ところで送還事業が行われる港がなぜ葫芦島だったのか。「葫芦」とは「ひょうたん」の意味である。遼寧《りょうねい》省《しょう》の南東部、遼東《りょうとう》湾に面したひょうたん型の小さな半島にその港はある。軍閥の張作霖・張学良父子によって港湾が開発されたという。

終戦時も中国全土は国民党と共産党の内戦が続いていたが、この葫芦島周辺は国民党の牙城を守り続けていた。国民党はアメリカによって支援されていたため、米軍輸送艇を着岸させるためには葫芦島が都合よかったらしい。現在、葫芦島の港湾は立ち入り禁止地区となっているため、当時の輸送船が発着した埠頭が残存しているかどうかは確かめることができなかった。その港湾近くには戦前につくられた石油を備蓄するための西山貯油庫という遺構があるが、その敷地の一角に中国政府が建てた石碑がある。

その年の末までに101万7549人の在留邦人が葫芦島から帰国することができ、最終的に1948年（昭和23年）までに105万1047人が帰国した。命からがら大陸を離れる船の中で彼らはきっとこうつぶやいたはずだ。

満洲国とはいったい何だったのだろう、と。

あとがき

　足掛け三年間にわたり、私は二週間ほどのまとまった時間がとれるたびに中国へ飛んだ。当時は二週間以内の滞在ならビザも必要なく、またインバウンドの中国人観光客が増えていたこともあり日本と大連《だいれん》や瀋陽《しんよう》、長春《ちょうしゅん》、ハルビンを結ぶ路線も拡充されつつあった。数えてみるとちょうど十回ほど往復して取材したことになる。

　早く写真に収めないと壊されて消滅してしまうかもしれない、という危惧《きぐ》と焦《あせ》りがあったので、滞在中はいつも早朝から暗くなるまで歩きどおしだった。戦前の地図と現在の地図とを見比べながら、残存している古い建築物を探した。

　この種の探索には徒歩が最も適している。市内を走る公営のバスは行先表示がわかりやすく、また運賃も格安だったのでよく利用したが、車中からだと視覚が限られているうえスピードも出ているので、じっくり建物を観察する余裕は意外にない。やはり歩くのに勝る方法はない。

　きっともう街の再開発によって取り壊されてしまったのだろうなあとあまり期待していなかった建築物が戦前のままの姿で目の前に現れたときの喜びをなんと表現したらよいのだろう。反対に数年前には残存していたという情報を得て現地に赴《おもむ》いてみると、無残な瓦礫《がれき》の山と化していたものもあった。

　取材を開始した当初は、残存建築物から満洲の実像を浮かび上がらせるのだと我ながら立派なことを考えていたのだが、気が付くといつのまにか建築という宝探しに夢中になっている自分がいた。戦後七十何年もたち、いつのまにか日本人の記憶から忘れ去られてしまった建築を探り当てたい。再発見したい。

だからこそモチベーションが保たれたのかもしれないが、結果的に満洲時代の主な街を訪れることができ、約四百カ所の戦前の建築物を確認することができた。そのなかには日本人が設計から関わった建築もあれば、帝政ロシアの時代に建てられたものを日本人が利用したものも含まれる。

しかし、それが何の建物であったのか、いつごろ誰《だれ》によって建てられたのかを調べるのは、ときとして困難を極めた。当時の官公庁などについてはわりと資料が残されているものだが、個人や私企業によるものは同定するのが一苦労である場合も多かった。また戦後になってから中国人によって手が加えられている建築物などは外観が変わってしまっており、素人の私などには手が負えないものもある。

本書に収録した写真は建築としての由来がわりとはっきりしているものを選んだつもりであるが、古い建築ゆえに調査が不十分で私が勘違いしていることも十分に考えられる。読者からのご指摘をいただけたら幸いである。

満洲に残存する建築物を取材するため中国へ通っているときに、NHK大分放送局のディレクター大岩万意さん（当時）が私の仕事に興味を持たれ、番組制作のため一緒に現地をまわることになった。その結果、「なぜ悲劇は生まれたのか　写真家・船尾修　旧満州の旅」という番組になったのだが、たまたまそれを観《み》ていたのが今回本を出すことになった新日本出版社の編集者・柿沼秀明さんである。柿沼さんとは以前に新聞の媒体で一緒に仕事をしたことがあった。そういうご縁で本書が生まれることになった。

また本書は、ネットメディアのJBpressで連載した「戦後75年・蘇る満洲国　【写真特集】消滅国家、満洲国の痕跡《こんせき》を求めて」の記事に加筆訂正したものが元になっている。連載中は編集長の鶴岡弘之さんになにかとアドヴァイスをいただいた。本が生まれるきっかけとなった御三方にはこの場を借りてお礼申し上げたい。

現地での取材では中国人、日本人を問わず実にたくさんの方々のお世話になった。本来ならばひとりひとりのお名前を挙げて謝意をお伝えしたいのだが、満洲の問題は日本と中国の関係において現在でも非常にデリケートなものであるうえ、日本と中国とでは政治体制も考え方も異なるため、ご迷惑を掛けてはいけないと思いあえて伏せさせていただいた。

満洲とは日本人にとって何だったのかという問いに対する答えは、いまだに自分の中できちんと言葉に置き換えることはできていない。しかし建築物を通じて当時の日本と中国との間に横たわる物語について知り、その狭《はざ》間《ま》で産み落とされた満洲について調べ考える作業は実に楽しいものだった。これまで断片的にしか知らなかったことが次々と有機的につながっていくおもしろさというか、本当の意味で歴史を勉強する醍《だい》醐《ご》味《み》とはこういうことを指すのではないかと思った。

一連のCovid-19に関わる混乱により、しばらくは実際に現地へ足を運ぶことは難しいと思うので、読者の方々には私と一緒に満洲の大地を旅しているような感じで本書を読んでいただけたら大変うれしい。最後までお読みくださりありがとうございました。

2022年6月　　船尾　修

9. ハルビン②

1932年（昭和７年）に竣工した聖ソフィア大聖堂はハルビン市内で最も目を引く建築物だろう。いつ訪れても観光客がたくさんいる。中央のネギ坊主は高さ53メートル。最大2000人を内部に収容できるといわれている。ロシア人の多くはロシア正教（ギリシャ正教）の信者であり、ハルビン市内にもたくさんの聖堂が建てられた。

中央大街における建築のなかでおそらく唯一の日本人所有だった松浦洋行ビル。1920年（大正９年）の竣工で鉄筋コンクリート５階建てのこの建物は建設当時周辺で最も高いビルであった。創業者は滋賀県出身の松浦吉松で一代で財を築いたといわれている。日露戦争直後の1906年（明治39年）に早くも海外進出しウラジオストックに支店を置いた。ロシアへの絹織物、生糸などの販売を手掛けていた。現在は観光案内所になっている。

ハルビンで最も格式の高いホテルとして有名だったモデルン・ホテルは1913年（大正２年）に建てられた。創業者はロシア系ユダヤ人の大富豪ヨゼフ・カスペ。氏のひとり息子はロシア・ファシスト党のメンバーに拉致され殺害されている。ユダヤ人と日本人が集まった第１回極東ユダヤ大会がここで開かれた。また満洲国の実態を調査した国際連盟のリットン調査団はこのホテルに投宿している。現在でもホテル「馬迭爾賓館」として営業している。

典型的なアール・ヌーヴォー建築様式をもつ1921年（大正10年）竣工のカフェ・ミニアチュールはハルビンに暮らすユダヤ人たちの溜《た》まり場《ば》であった。現在は日本資本のユニクロの店舗が入っているのがおもしろい。店の中へ入ってみたが、内部はすべて改装されているようで、100年前の痕跡を見つけることはできなかった。

1904年（明治37年）竣工の東清鉄道本社。現在は哈爾浜《ハルビン》鉄路局として使用されている。建物の正面に建つ毛沢東像はもちろん中国共産党政権が樹立された後につくられたもの。このような大きな建物にもアール・ヌーヴォー様式が取り入れられたのがハルビンの街づくりの特徴である。西欧から見れば田舎者の扱いを受けてきたロシア帝国はこうして当時の最先端の建築デザインを取り入れることによりその劣等感を払拭したかったのだろうか。

東清鉄道本社と道路を挟んだ正面に建つ東清鉄道倶楽部《くらぶ》。映画やダンスホールなど幹部職員の娯楽を提供するための場所であった。現在は哈爾浜鉄路局文化宮として同じような用途に使われている。中国人のおもしろいところは、病院なら病院、役所なら役所、学校なら学校と、かつて使用されていた用途に沿って現在も建物を使うことである。そういうところに中国人のしたたかさや合理性を見る思いだ。

1907年（明治40年）竣工の東清鉄道中央電話局。ハルビン駅の北側がプリスタンのキタイスカヤ（中国人街という意味のロシア語）など商業の中心地となったのに比べ、南側にはロシアの支配機構である東清鉄道関連の建物が数多く建てられた。1900年代初頭のこれら建築物はどれもが個性的で見ていて飽きない。

1900年（明治33年）竣工の東清鉄道中央医院病棟。ロシアが満洲を支配下に置くためにまずやったことは清国から鉄道の敷設権を得ることだった。1898年（明治31年）に東清鉄道の建設が始まると、鉄道の周辺に「鉄道附属地」という名の占領地を広げていく。日露戦争後に日本が真っ先に手掛けたのが満鉄を設立して鉄道附属地を設定することだったが、こうした手法はすべてロシアのやり方を踏襲したものである。

ハルビンで最初の日本人小学校である桃山小学校は1909年（明治42年）に開校した。往時を彷彿《ほうふつ》とさせる建物はそのまま残っている。最初は西本願寺付属小学校として開校し、そのときは児童数わずか４名だったという。その後1920年（大正９年）にハルビン尋常高等小学校となり、1936年（昭和11年）にはハルビン桃山尋常高等小学校と改称されて、以来桃山小学校と呼ばれるようになった。現在は哈爾浜市立兆麟《チヨウリン》小学校になっている。

ハルビン特務機関が置かれていた建物。特務機関は日本軍の特殊軍事組織で、諜報《ちょうほう》活動や宣撫《せんぶ》工作などを主に担当していた。満洲各地に特務機関は置かれたが、それらを総括するのがハルビン特務機関だった。仮想敵国であるロシアとの国境が近い大都市ということでこの地に特務機関が置かれるのはある意味当然だった。

ハルビンの東北部に位置する傅家甸《フージャデン》に中華バロックと称される独特の様式を持つ建物が数多く建てられた。写真はその目抜き通りにある1920年代に建てられたかつての同義慶百貨店。外壁に飾り立てられた過剰ともいえる装飾が独特の美しさを醸し出している。現在は「純化医院」という病院として使用されている。

1918年（大正７年）に竣工したユダヤ教会《シナゴーグ》。ハルビンには最盛期に約２万人ものユダヤ人が居住していたため、中国国内では最大のシナゴーグが建設された。現在では哈爾浜市建築芸術館として開放されている。流浪の民であるユダヤ人は各地で迫害されたため離合集散を繰り返したが、ハルビンに滞在していた人の大半はその後アメリカなどに渡ったといわれている。

中国でも最も北に位置する黒竜江省の省都ハルビン（哈爾浜）はその地理的な位置からロシアの影響を最も受けた都市のひとつである。それは建築物に如実に表れている。街を歩くとそこかしこに当時の建物が並んでいるのに気づく。レトロモダン建築の愛好家にとって垂涎の街である。

満洲建国後に設立された満洲中央銀行は通貨の発行の他、国の金融政策全般を担っていた。満洲のみならず中国各地や日本にも分行が置かれた。ハルビンの満洲中央銀行の外観は新京にある本店とよく似ており、正面には巨大なオーダー（柱）が並ぶ。人々の信用が必要なためか全体的に重厚で威厳にあふれている。

かつてキタイスカヤと呼ばれていた通りは現在の中央大街で、いつ訪れても中国人の観光客であふれている。この建物はロシアによって1923年（大正12年）ごろに建てられたもので、1933年（昭和８年）に哈爾浜特別市が制定された後にここに公署が置かれた。現在はホテルとして使われている。

10. 安東（丹東）

私が初めて丹東の街を訪れたとき、こちらに向かって手を振る乗客を満載した遊覧船が北朝鮮のものであることがわかりかなり狼狽《ろうばい》してしまった。川に飛び込めばやすやすと中国に密入国できてしまう距離だからだ。後ろに写っている鉄橋が「断橋」で、対岸の北朝鮮側が途中からポキリと折れている。朝鮮戦争時にアメリカ軍によって空爆されて破壊される以前は、橋の中央部のブロックが90度回転して、そこを大型船舶が通行することができたという。

민흥433

丹東から北へ約500キロ、中国と北朝鮮、ロシアの３国が国境を接する地点に近い琿春《こんしゅん》市の甩湾子《しゅつわんし》橋。長さ約500メートルのこの橋は日本が建設した当時は穏城《オニソン》大橋と呼ばれていた。対岸は北朝鮮の訓戒という街である。終戦直前にソ連軍が満洲に侵攻してきた際、彼らがこれ以上追ってこられないように日本軍はこの橋を爆破して撤退した。12月にこの橋を訪れたとき、川はかなり凍結しており、歩いても渡れそうなくらいの川幅であった。

丹東から北へ50キロほど行ったところに残っている「河口断橋」と呼ばれている橋は日本が建設した時代に「清城橋」と呼ばれていた。長さ709メートル、高さ25メートル、幅６メートル。橋にはこの「清城橋」という名前と、「昭和17年12月竣工」という文字が刻まれている。毛沢東の長男である毛岸英は朝鮮戦争時にこの橋を渡って北朝鮮側の戦場に赴き、そこで戦死した。橋は1951年（昭和26年）に米軍による空爆によって北朝鮮側が破壊されたままになっている。

丹東駅の北側にある錦江山公園はかつて満洲で最初の日本神社である安東神社が鎮座していた場所である。日露戦争直後の1905年（明治38年）に勧請された。祭神は天照大神。現在の中国風の大きな門は、かつての神社の鳥居を元にあらたにつくられたものといわれている。満洲では皇民《こうみん》化《か》教育を進めるために295カ所の神社が建てられた。この安東神社のあった場所はかつて鎮江山と命名されていた。

かつての安東神社があったところには遊歩道がつくられている。歩いていると、日本人の名前が刻まれた石を見つけた。おそらく鳥居の土台として使用されていた基礎の石で、寄進者の名前であるのだろう。神社のあった鎮江山の中腹には細野南岳という僧侶によって臨済寺という寺院も建立されていたという。彼は山麓にたくさんの桜の木を植えたため桜の季節はそれは見事な眺めであり、「満洲八景」のひとつと呼ばれて在住の日本人に親しまれた。

駅からもほど近い場所にあった満洲時代の大和小学校は最近まで遼東《りょうとう》飯店というホテルとして使用されていたが、私が訪れたときはすでに廃墟《はいきょ》になりつつあった。校舎の壁には「毛沢東思想万歳」という文字が大書《たいしょ》されていたが、こういうスローガンも最近の中国では見かけることがあまりなくなってしまった。

かつての安東高等女学校は現在、丹東市第六中学として当時の校舎はほぼそのまま使用されていた。古い建築物というのは廃墟でもそれなりに趣があって私は好きだが、しかしこうして大事に修復されながら使用されている姿を見る方がもっと好きである。1940年（昭和15年）に行われた国勢調査によれば、当時の安東市の人口は約32万人。そのうち日本人（内地人）は４万7000人、朝鮮人は２万3000人であった。

水豊ダム周辺は軍事管理地区になっているため訪れることはできなかったが、満洲国時代のもうひとつの巨大ダム事業であった吉林省の豊満ダムは見学することができた。こちらは1937年（昭和12年）に建設が開始されたものの、８割方完成したところで終戦となった。当時の計画では長さ1080メートル、高さ91メートル、出力40万キロワットの水力発電施設であった。新生中国になってから工事は完成され、現代にいたるも発電は続けられている。中国東北部で重化学工業が発展した基礎は満洲時代に築かれたともいえるだろう。2017年に撮影したこの写真で後ろに見える堰が当時のオリジナル部分だが、老朽化のため手前に新しい堰を建設し、2018年になってから古いダムは爆破されてしまった。

現在の丹東市内に残存する中国工商銀行の建物は、かつての満洲興業銀行であった。出入り口の上部に不自然に文字を消した跡があったので、目を凝らしてよく観察してみると、右から左へ「満洲興業銀行」と刻まれているのを発見した。戦後に誕生した中国共産党政府は満洲国の存在を認めたくないがゆえに「偽満洲国」と呼ぶのだが、こうした満洲時代の文字はことごとく消されてしまっているのが現状である。

11. 近代国家の誕生と終焉

ウランホトにある成吉思汗廟（チンギス・ハーン廟）

在間島日本総領事館（龍井）

東本願寺新京別院（新京）

奉天鉄西区工業地帯を再現した中国工業博物館の館内（瀋陽）

文官屯神社の鳥居（瀋陽）

満洲国立公主嶺農事試験場（公主嶺）

神武殿（新京）

関東軍東寧要塞（綏芬河）

奉天俘虜収容所（瀋陽）

撫順炭鉱（撫順）

旅順工科大学（旅順）

満洲映画協会（新京）

豊楽劇場（新京）

国泰電影院（新京）

かつての弥栄村周辺

葫芦島在留日本人大送還の碑

船尾修（ふなお・おさむ）
写真家。1960年神戸市生まれ。筑波大学生物学類卒。出版社勤務の後、フリーに。アフリカ放浪後に写真表現の道へ。著書に『カミサマホトケサマ国東半島』（冬青社）、『フィリピン残留日本人』（冬青社）、『循環と共存の森から～狩猟採集民ムブティ・ピグミーの知恵』（新評論）、『アフリカ　豊饒と混沌の大陸』（山と渓谷社）など多数。第25回林忠彦賞、第16回さがみはら写真賞、第１回江成常夫賞などを受賞。現在は家族４人で大分県の中山間地にて無農薬で米作りをしながら、作家活動を続けている。

日本人《にほんじん》が夢見《ゆめみ》た満洲《まんしゅう》という幻影《げんえい》——中国東北部《ちゅうごくとうほくぶ》の建築遺構《けんちくいこう》を訪《たず》ねて

2022年７月30日　初　版
2023年１月15日　第２刷

著　者　船尾　修
発行者　角田真己

郵便番号　151-0051　東京都渋谷区千駄ヶ谷4-25-6
発行所　株式会社　新日本出版社
電話　03（3423）8402（営業）
03（3423）9323（編集）
info@shinnihon-net.co.jp
www.shinnihon-net.co.jp
振替番号　00130-0-13681

印刷　光陽メディア　　製本　小泉製本

落丁・乱丁がありましたらおとりかえいたします。

ISBN978-4-406-06665-5 C0095　Printed in Japan

1924	溥儀は北京で幽閉されていた紫禁城を追われ、天津の日本租界へ
1925	日ソ基本条約調印（日ソ国交樹立）
1926	蒋介石が国民革命軍を指揮して北伐を開始
1927	張作霖が北京に軍事政権を樹立
1928	関東軍が列車を爆破し、張作霖を暗殺
	蒋介石の国民政府が北京に入城
	張作霖の息子である張学良が国民政府に合流
1931	満洲事変勃発
	溥儀が天津を脱出して旅順へ
	毛沢東を主席とする中華ソビエト臨時政府樹立
1932	満洲国建国　溥儀は執政に
	犬養毅首相が暗殺される（五・一五事件）
	日満議定書調印により日本が満洲国を承認
	第１回満蒙武装開拓団が弥栄村に入植
1933	リットン調査団報告を巡り全権大使の松岡洋祐が国際連盟脱退
1934	満洲国が帝政に移行　溥儀は皇帝に
	特急あじあ号が大連～新京間を走る
1935	溥儀が日本を訪問し天皇と謁見
1936	陸軍青年将校による軍・政府要人の暗殺（二・二六事件）
	20年間で百万戸・五百万人の満洲開拓移民政策を策定
	満洲国産業開発５か年計画を決定
1937	盧溝橋事件により日中戦争が始まる
	第二次国共合作（国民党と共産党による抗日統一戦線）
1939	ノモンハン事件（満蒙国境で関東軍とモンゴル・ソ連軍が軍事衝突）
1941	太平洋戦争が始まる
	中ソ中立条約調印
	満洲国第二次産業開発５か年計画を決定
1945	8月9日にソ連軍が満洲国境を越えて侵攻
	8月15日　日本が降伏　（降伏文書調印は９月２日）
	8月18日　溥儀が退位し、満洲国崩壊